战法合集之
可转债短线擒牛

袁　博◎编著

中国宇航出版社
·北京·

图书在版编目（CIP）数据

战法合集之可转债短线擒牛 / 袁博编著. -- 北京 ：中国宇航出版社，2023.8（2025.8 重印）

ISBN 978-7-5159-2262-1

Ⅰ. ①战… Ⅱ. ①袁… Ⅲ. ①可转换债券－债券投资－基本知识 Ⅳ. ①F830.91

中国国家版本馆CIP数据核字(2023)第130784号

策划编辑　卢　珊
责任编辑　卢　珊　　　**封面设计**　付洪玲

出版发行　中国宇航出版社
社　址　北京市阜成路 8 号　　　邮　编　100830
　　　　（010）68768548
网　址　www.caphbook.com
经　销　新华书店
发行部　（010）68767386　　　（010）68371900
　　　　（010）68767382　　　（010）88100613（传真）
零售店　读者服务部
　　　　（010）68371105
承　印　天津画中画印刷有限公司
版　次　2023 年 8 月第 1 版　　　2025 年 8 月第 11 次印刷
规　格　710 × 1000　　　开　本　1/16
印　张　7.5　　　字　数　107 千字
书　号　ISBN 978-7-5159-2262-1
定　价　38.00 元

本书如有印装质量问题，可与发行部联系调换

前言

感谢你翻开这本书，与可转债相遇。

作为一个优秀的投资品种，可转债打破了传统投资认知里低风险只能赚到低收益，高收益就必须承担高风险的成见，打开了低风险高收益的新世界大门。

自 2017 年可转债市场扩容以来，整个可转债市场的格局已经发生了较大的变化。

笔者将可转债的投资理论、方法、心得以及实盘操作经验整理成书，辅以教育学理论和方法，让本书兼具可转债知识的系统性和投资学习的可操作性。

关于本书，可以总结出两个关键词。

系统性——本书系统地讲解了可转债的定义、可转债的基本要素，以及可转债的各种操作，能够满足大家系统学习可转债的需求。

理论与实战相结合——投资界里有很多高手，每个人擅长的领域都不同。有人擅长理论研究，写出的文章比经济学论文还要高深严谨；有人擅长实战操作，操作起来简直有如神助。你一定希望遇到这样一位导师——既能够将理论讲解得生动有趣，又能够将实战演绎得栩栩如生。本书就是这样一位兼顾理论与实战的优秀“导师”。

因为投资经验及能力有限，并且成书时间较短，如有错漏，还请大家斧正。

本书提到的各种投资操作均不构成任何投资建议，投资者应该对所有投资操作拥有独立的思考和判断能力。

最后提示：投资有风险，入市需谨慎！

祝愿大家在投资的道路上，都能有所收获！

目 录

第一章

什么是可转债

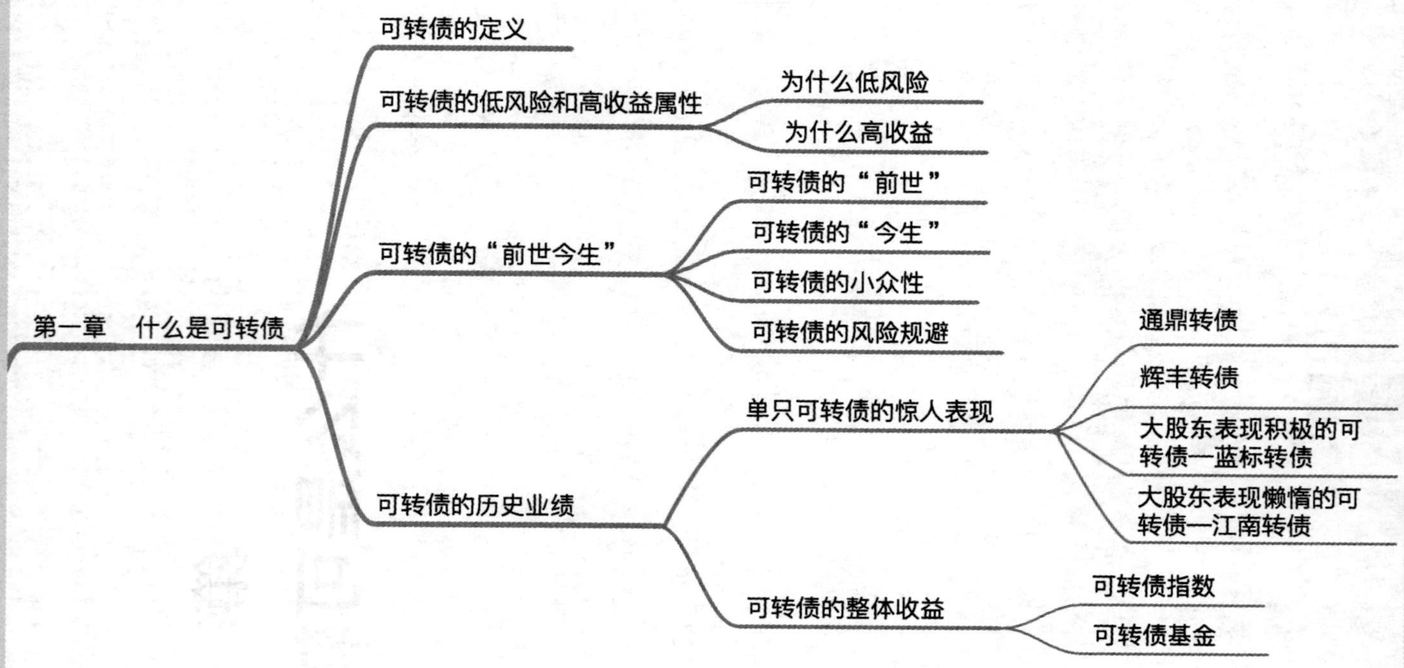
第一章　什么是可转债
可转债的定义
可转债的低风险和高收益属性
为什么低风险
为什么高收益
可转债的“前世今生”
可转债的“前世”
可转债的“今生”
可转债的小众性
可转债的风险规避
可转债的历史业绩
单只可转债的惊人表现
通鼎转债
辉丰转债
大股东表现积极的可转债—蓝标转债
大股东表现懒惰的可转债—江南转债
可转债的整体收益
可转债指数
可转债基金

一、可转债的定义

可转债全称是“可转换债券”（convertible bond）。

可转债的本质是一种债券，但是它具有一个神奇的属性——在特定的时间，可转债持有人可以按照特定的价格将可转债换成可转债发行公司的股票。

也就是说，可转债具有债券和股票的双重属性。可转债持有人可以把它当成一个债券，每年领取债券的利息，并且在债券到期日领回本金；可转债持有人也可以在特定的时间按照特定的价格将可转债换成等值的股票。

以上就是可转债的标准定义。

如果你看了上面的定义以后还是觉得有点“云里雾里”，那么下面来给你举一个贴近生活的例子。

小红和小青是一对很好的朋友。

小红家里有一小片苹果园，种出的苹果又大又甜，每年的产量和销量都非常好。成功地经营了这个苹果园之后，小红就想再多种几亩地，复制成功经验，做大做强。为了筹集资金扩张苹果园规模，小红想向小青借款100万元。

本来呢，小红想按照向好朋友借钱的做法，给小青打个借条，借条上写明自己向小青借款100万元，借期6年，然后按期还本付息。但是，最近进修了很多金融学和经济学知识的小红有一个新想法。

这100万元呢，小红借来不是为了享受山珍海味，奢靡浪费的，她是正儿八经地筹钱扩张苹果园。小红自己也算过一笔账，像她这样继续勤勤恳恳地经营苹果园，生意大概率会越来越红火。也就是说，6年之后，小红苹果园的面积会扩张很多倍。假如这100万元可以按照一定比例换算成苹果园的面积，6年之后，小红就不需要还给小青100万元现金，而是分给她一部分苹果园就好了。

这样，小红和小青岂不是双赢？

在这个例子里，小红就相当于上市公司的大股东，她的苹果园就是上市公司的股票，小青是购买可转债的债券持有人，而小红向小青借来的可以按照一定比例换成苹果园面积的100万元，就是可转债。

在我国证券市场中，上市公司发行各种债券，主要目的都是为了借钱。借到钱，可能用于扩大生产，可能用于回购股票，也可能用于解决短期债务。可转债作为债券的一种，上市公司发行它的主要目的当然也和其他债券一样。

但有一点特别重要，所以要放在本书的开篇来强调。

上市公司以极低的利息发行可转债，本质上是上市公司拿股权来进行融资，并不是真的打算最后到期还本，其隐藏的“真正目的”，就是为了“借钱不还”。

当然，上市公司并不能真的要赖不还钱，而是希望可转债持有人在可转债到期日之前，将手里的可转债换成股票。这样一来，上市公司就可以用股票来偿还债券持有人，而不必支付现金了。

就像刚才故事里的小红一样，她期望在经营成功、苹果园成功扩张的情况下，拿出一定面积的苹果园来偿还小青的债款，而不是还给小青真金白银100万元。

明白了什么是可转债，以及上市公司发行可转债的“真正目的”之后，就可以愉快地进行下一节的学习了。

小测验

1. 可转债本质上是一种__________，但它在特定的条件下可以换成__________。

A. 基金　　B. 股票　　C. 债券　　D. 货币

2. 上市公司发行可转债，其隐藏的“真正目的”是为了__________。

A. 解决短期债务　B. 扩大生产　C.“借钱不还”　D. 回购股票

（答案　1.C.B　2. C）

二、可转债的低风险和高收益属性

1. 为什么低风险

可转债的本质是债券。**可转债的低风险属性，正是源于债券的低风险属性。**

只是这样说，大家可能还不太明白。没关系，还是用上面的例子来讲解。

债券债券，就是债 + 券。

当我们向别人借钱的时候，我们就欠了别人的钱，也就是我们欠了债。一般借钱都会写借条，写上谁向谁借了多少钱，多长时间还，付多少利息等。

借条，就是一种广义上的债券。

债券是一种规定了债务人（也就是借钱的人）向债权人（也就是出钱的人）借了多少本金、何时还款的金融契约。

一般来说，债券的安全性是较好的。除非发行债券的政府、公司或者机构发生重大危机，例如爆发战争、公司或者机构破产等，债券的安全性才会受到影响。

回到可转债上，**在可转债发行公司不破产退市的情况下，可转债都是要还本付息的。**

就像前面讲的例子，假如小红经营不善，苹果园未能如期扩张规模。只要小红的苹果园还在经营，小红也并没有申请破产，那么时间一到，小红依旧得按照约定的本金 + 利息归还小青现金。

那么，除了可转债的本质是债券，这个性质本身具有低风险的特质外，还有什么可以保证它的安全性呢？那就得讲讲可转债的发行条件了。

大家往往会把一家企业登陆 A 股上市看作成功的起点。因为在 2023 年前，登陆 A 股市场进行上市交易，需要满足的条件非常严苛。例如，要求申请上市的企业连续 3 年净盈利累计 3000 万元以上等。

所以，现在你知道为什么很多明星互联网企业舍近求远纷纷去香港和美国股市上市了吧？靠融资活着或者尚未实现较大盈利的公司，还够不着 A 股的门槛。

在 2023 年前，我国证券市场采取的是审批制，企业想要登陆 A 股市场，不仅自身条件要过硬，还要经得起各种各样的审查。可以说，每一个上市公司都是“过五关斩六将”才得以成功上市，成为市场里的幸运儿。

一旦成功登陆 A 股市场，就相当于抢到了一张“长期饭票”。在公司经营状况稳定的情况下，对经营发展前景可以“高枕无忧”了。

这也从侧面解释了为什么这些年即使有些公司经营不善，濒临破产退市，却依旧可以靠着“借壳”复活。当然，这样的“好事”会随着全面注册制的到来而逐渐减少。

获得 A 股上市资格已经很不容易了，在茫茫的 A 股市场里，上市公司要想具备发行可转债的条件，还会面临证监会的进一步审查和筛选。

这就好像在一箩筐的苹果里挑选 A 级红富士，再从 A 级红富士里挑选顶级红富士一样。通过这样的层层选拔，能在极大程度上避免了选中坏苹果的可能性。

目前我国市场上存续的所有可转债，包括之前已经光荣结束使命、完成转股退市的可转债，从未出现任何一家上市公司违约的情况。当然，过去只能代表过去，过去没有出现的，不代表未来一定不会出现。但是可转债属于低风险投资产品这件事，基于历史数据，目前还是可以保证的。

小测验

发生下面哪一种情况，可转债可能会面临风险？

A. 企业营收下降　　B. 企业破产退市

C. 企业高管违法　　D. 企业资金紧张

（答案　B）

2. 为什么高收益

说完了低风险，下面聊聊可转债的高收益属性。

相信看过前面两节的内容，“可转债是一种债券”这个概念已经深深地印在了大家的脑子里。

大家可能会想，可转债既然是债券，它就应该像我们出具的借条一样，只有本金 + 利息的价值，除非是高利贷，否则它本身的收益应该很微薄，没听说过谁靠借钱给亲戚朋友而发家致富的呀。

大家想的没错，如果债券本身的价格永远只有本金 + 利息那么多，并且可转债只是一种普通债券的话，就不存在所谓的“高收益”属性。

为了解答大家这个疑惑，将它拆成两个部分来讲解。

第一部分，债券的价格是不是只是“本金 + 利息”？

这里也用一个故事来讲解。

小明最喜欢收集纪念币和世界各地的钱币。

这些纪念币也好，真实货币也好，它的价格往往是写在纸上或者铸在金属上的。例如一张 100 元的人民币，假如用它来购买生活用品，它就能发挥出 100 元的购买力。

但是纪念币除了票面价格之外，还有一些其他属性。比如一些纪念币设计得非常好看，有特殊的纪念意义，或者发行量特别少，每到这种时候，小明就会不辞辛苦地早早去银行排队申购。

银行卖给小明的纪念币是以票面价格出售的，例如 100 元面值的纪念币需支付 100 元货币来购买。但随着时间的流逝，纪念币的稀有属性带来了升值，最后这些纪念币往往会以高出票面价格的金额被出售。

比如一张原本 100 元面值的纪念币，最后可能会卖出 150 元甚至更高。

货币，就是一种政府发行的信用型债券。如果没有政府信用作为担保，货币就是一张花花绿绿的纸而已。

通过纪念币这个故事，解释了债券并不是永远只有本金 + 利息这样一个价格，有时候也会有高出票面金额价值的情况。

第二部分，可转债是普通债券吗？

可转债不是普通债券，不过它和纪念币的原理也存在差别。

我们来看看可转债的高收益究竟有多高。根据目前市场上常见的各种投资品种的收益统计，画了一张收益数据图，如图 1–1 所示。

图 1–1　不同年化收益率区间的投资品种

从图 1–1 中可以看到，货币基金、银行理财产品、国债这类低风险的投资品种，是被装在年化收益率 0～5% 这个篮子里的。年化收益率 5%～10% 的篮子里，有信托等投资品种。在 10%～20% 的篮子里，有股票、基金这些具有一定风险的投资品类。

之所以把年化收益率 20% 作为上限，是因为这是股神巴菲特几十年投资生涯取得的历史平均成绩，投资界一般也会将年化收益率 20% 作为一个了不起的投资成绩。

你可能听过很多 1 年 10 倍的神话，内心对一夜暴富有不切实际的幻想。事实上，只要你长期保持年化收益率 20% 的收益，就已经拥有世界投资第一人的水平了。

现在，请你闭上眼睛，猜想一下可转债会在上面的哪个篮子里呢？心里有了一个数字之后，请继续往下看。

事实上，经过对可转债的投资收益回测，可转债的年化收益率接近 20%。

那么，这个 20% 收益率是如何来的呢？

可转债面值一般为 100 元。当可转债跌破面值 100 元甚至跌破 90 元的情况时买入，最终它大概率会回到 130 元或以上并以该价格完成转股退市。

为什么是大概率呢？根据历史统计数据，发生这种情况的可转债占总量的 90%。

可转债持仓收益 =（卖出价格 － 买入价格）÷ 买入价格 ×100%

=（130−90）÷90×100%

= 44%

取得这个 44% 的收益是花了多少时间呢？

根据可转债市场的历史统计数据，可转债平均存续期为 2.6 年。也就是一只可转债从上市到退市（转股完成退市或者到期还本付息），平均时间是 2.6 年。

2.6 年取得 44% 的持仓收益，可以计算得出可转债的平均年化收益率接近 20%。

而且，这 20% 并不是可转债收益的上限。

因为历史上价格最高的可转债价格曾经达到过 600 元，如果按照这个价格来测算，收益率是非常惊人的。

也正是因为这样的情况，最终造就了可转债的高收益。

因此，人们将可转债的低风险和高收益总结成 8 个字：**下有保底，上不封顶**。

这 8 个字深刻地揭示了投资可转债的优越性，也造就了它独特的魅力。

小测验

下面哪 8 个字能够最准确地形容可转债的特点？

A. 省心省力，旱涝保收　　　B. 下有保底，上不封顶

C. 低估分散，动态轮动　　　D. 优选择时，分批建仓

（答案　B）

三、可转债的“前世今生”

1. 可转债的“前世”

这一节，让我们一起看看可转债的“前世与今生”。

1993 年，中国宝安企业（集团）有限公司发行了我国历史上第一只可转债——宝安转债（125009）。

在我国金融市场中，任何一种金融产品，其诞生和发展的历史都是艰辛而曲折的，可转债也是如此。

由于当时股票市场并不成熟，各方投资者对可转债的了解也非常少，再加上宝安转债运气极差，遇上了连绵不绝的熊市，最终宝安转债并未在两年存续期内完成转股。也就是说，最后宝安转债按照债券的形式向所有投资者还本付息，退出了市场。

宝安转债的“失利”，给刚刚来到这个世界，说起来还是个“婴儿”的可转债，蒙上了一层阴影。

初战惨败的可转债至此被市场“雪藏”了起来，好像所有人都忘记了市场上曾经出现过这么一个债券品种。

这一“雪藏”就是 5 年。也就是说，从 1993 年到 1998 年，投资市场上没有 1 只可转债发行上市。

时间来到 1998 年，丝绸转债（125301）、南化转债（100001）终于冲破了宝安转债的阴霾，相继上市。

这一次，可转债的行情走势比 5 年前好了很多，投资者对于可转债的认识水平提高了不少，大股东们也坚持不懈地在背后为可转债“推波助澜”。最终，南化转债和丝绸转债都成功地转股退市，并且在存续期间都达到了 300 元以上的价格。

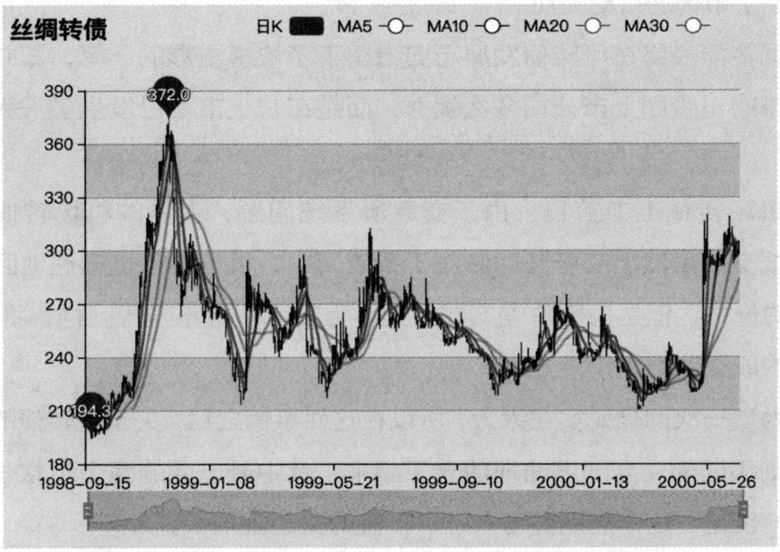

图 1-2 丝绸转债（125301）日 K 线走势图

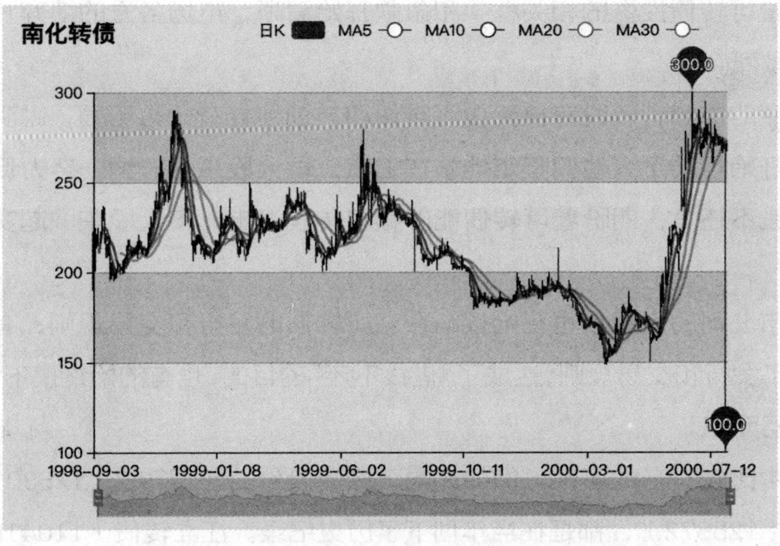

图 1-3 南化转债（100001）日 K 线走势图

时间继续前进到2000年，上海机场（600009）宣布发行机场转债（100009）。作为一只优质的白马股，上海机场发行可转债的消息一出来，立刻受到了市场的广泛关注。

机场转债最终在可转债发展历史上留下了浓墨重彩的一笔，却并不是因为它本身的正股即上市公司多么优秀，而是在它上市首日发生了天大的“乌龙事件”。

在机场转债上市首日，由于交易所系统问题，大量的机场转债以1元的价格成交。虽然上交所及时修复了系统问题，机场转债也迅速地回归到了100元的价格，但是由于价差实在太大，上交所不得不强行回档，将所有75元以下的成交单都以作废处理。

因为这一次的乌龙实在太大，所以在这件事情之后，关于可转债的条款、买卖规则和框架，全部迅速地建立了起来。其中最重要的两个条款——下修和回售，也是在这个时期被写入了可转债的交易规则中。

接下来的10年，虽然中国股市经历了一个巨大的牛熊周期，并且与2008年的金融危机迎头撞上，但是可转债市场却稳中有序地蓬勃发展着。

随着可转债投资的相关框架和条款开始清晰，市场各方的博弈开始变得越来越激烈。

懵懂的投资者还没有搞明白可转债和其他债券有什么不同，聪明的投资者已经开始行动了。他们坚定地站在上市公司大股东这一侧，努力促动大股东“借钱不还”，期盼着可转债能够顺利转股退市，和大股东一起实现“共同富裕”。

上市公司的大股东也开始逐渐在意可转债的发行和交易规则，有的成功地利用了发行和交易规则，达成了“借钱不还”的目的，也有的始终摸不清门道，最终铩羽而归。

其中比较有名的事件，例如大幅下修转股价的丝绸转2（126301）和海马转债（125572），都是在当年创下了历史纪录。江淮转债（110418）前无古人、后无来者的“强制”下修条款（正股下跌到一定价格，转股价强制跟随下修），也从侧面反映出那个时代“群雄并起，逐鹿中原”的状况。

总之，可转债这个市场开始真正热闹起来了。

直到2010年6月，发行规模为400亿元的中行转债（113001）开始登场。

中行转债的发行公司是中国银行（601988）。在中行转债发行之前，最大规模的单只转债都只有数十亿元。中行转债像一颗深水炸弹，一下子搅热了可转债这个市场。随着中行转债的顺利发行，更多金融机构和银行，例如工商银行、民生银行、中国平安等开始纷纷发行巨无霸型的可转债。

过去可转债市场的池子极小，水也浅。由于品种稀缺的原因，所以上市的可转债都受到了市场的追捧，价格也都创出过高点。例如2007年发行的唐钢转债（125709），上市首日价格就达到了150元，收益率堪称惊人。

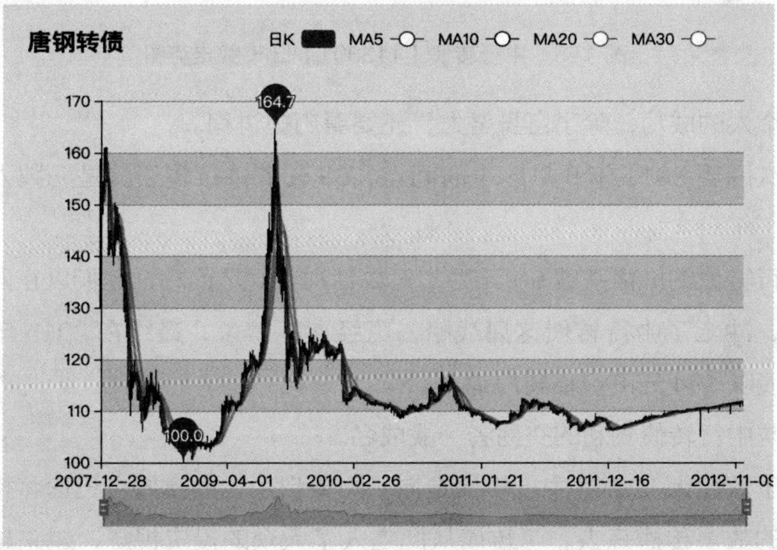

图1-4 唐钢转债（125709）日K线走势图

巨无霸的登场，让可转债市场的池子变大了，水也变深了。随之而来的是可转债的交易价格开始逐步下滑，甚至开始出现了跌破面值的情况。

2011年6月，中行转债的成交价格一路下行，一度跌破了90元。

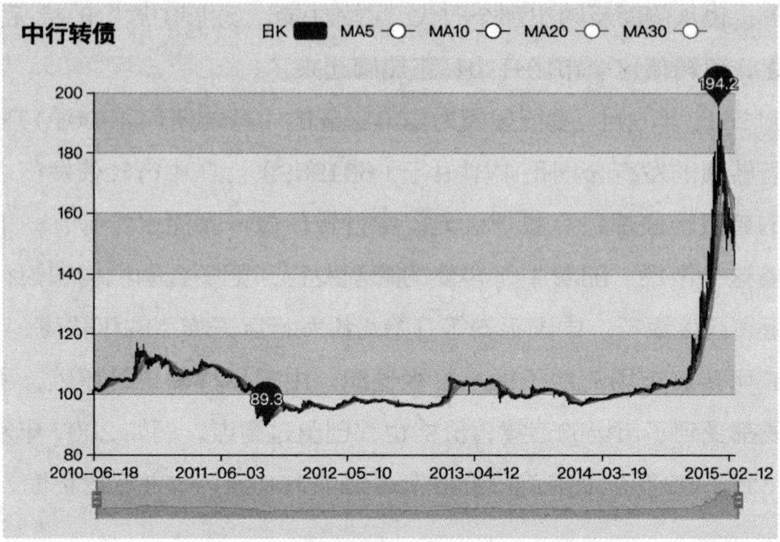

图 1-5　中行转债（113001）日 K 线走势图

一个人的成功，除了自身努力，还要看历史进程。

再次回望 2011 年 6 月这个时间点，89 元的中行转债就是无数人的人生分水岭。

中行转债的价格跌破 90 元后，无数套利者闻风而动，他们以正回购等杠杆手段，冲上了中行转债这只战船，历经 4 年搏杀，最终在 2015 年盼到了中行转债以 194 元的价格转股退市。

参与中行转债套利的交易者一战成名。

由于数名大 V 靠着中行转债走向了财务自由，财富效应迅速将投资可转债暴富的故事传播开去。可转债从此走入了大众的投资视野，越来越多的投资者注意到了这个宝贝。

2. 可转债的“今生”

2017 年，可转债市场迎来了井喷。

国家放开了政策，鼓励企业通过资本市场进行融资，并且放开了可转债审批的部分条件，让更多上市公司有机会递交可转债发行申请。

作为一种“借钱不还”的好手段，可转债瞬间获得了大批上市公司的青睐。

过去 24 年，一共只有 100 来只可转债发行上市。而在 2017 年一年之内，就有 100 多家上市公司提交了可转债发行申请。

更多的公司发行可转债带来了更多的行业和类别，让整个市场可以选择的标的更加丰富。更加丰富的标的，让可转债市场的系统性风险进一步降低。越来越多的金融机构也看中了这块蛋糕，纷纷跑步入场，抢着配置可转债。

可是仅有机构来买卖可转债还不够。就像一个蓄水池，只开大了水龙头，如果放水口还是很小的话，这个池子早晚得漫堤。

为了配合迅速扩容的可转债市场，国家同时也放开了可转债投资者的申购条件，将资金申购改为信用申购。简单来说，就是不需要持仓，只要开个账户，就可以申购可转债。

国家两头松绑，让可转债市场真正变成了一个平易近人的投资项目。2017 年年底，大批投资者涌入了可转债这个市场。

然而，就在几个月之后，A 股市场却遭遇了一场极度低迷的大熊市。

2018 年年中，A 股市场一度下探到 2400 点，行情极度低迷，人气极度清淡。作为和上市公司股票紧密挂钩的产品，可转债市场自然也不例外。在那段时间，可转债市场里的半数转债都跌破了 100 元的面值，甚至出现了大量 90 元以下、80 元以下的可转债。

这个时期，其实就是投资可转债市场的系统性机会。

当然，你可能会说，现在都已经 2023 年啦，系统性机会是不是早就消失了？可转债这个时候还能买吗？

事实证明，资本市场每 5～10 年就有一个牛熊周期，虽说每一次总有很多人贪婪或者恐惧，嚷嚷着这一次不一样，但其实每一次都一样。

所以，好好看完这本书，认真学习可转债知识，相信下一个机会一定属于你。

3. 可转债的小众性

从进入资本市场的第一天起，可能你就被很多人教育，说高收益一定是伴随着高风险，低风险只能获取低收益。

今天这本书想告诉你，事实并不是这样的。

人永远赚不到自己认知范围以外的钱——可转债就是那个低风险和高收益并存的投资品种。

另外，还要恭喜你，到目前为止，可转债依旧是一个小众的市场。

根据公开发布的数据，参与可转债打新的人数，在鼎盛时期有 1000 万人左右。

我国 A 股市场打新的户数有多少呢？平均大约有 1400 万户，鼎盛时期的数字就更大了。

打新尚且如此，参与可转债交易的人数相对就更少了。

而这样的市场，很容易出现一些套利机会，并且套利机会的窗口期可能会长期存在。这个就是经济学中经常说起的非完全有效市场。

大家可以看看场内 ETF 品种套利，套利窗口期以毫秒来计，只有机构投资者的大型计算机能够捕捉这种套利机会，根本没有散户什么事儿。而如果在 2018 年年底参与江南转债回售套利，窗口期持续了大约整整 1 周，可以说是非常长的一段时间了。

一个小众市场，往往蕴藏着无限的获利可能。

4. 可转债的风险规避

前面说了可转债那么多的优点，那么可转债的缺点呢？

通过前面的学习，大家知道可转债最大的风险就是上市公司破产退市，有没有什么办法可以最大程度地规避风险呢？

有，分散。

“不把鸡蛋放在一个篮子里”，是颠簸不破的真理。

大家在投资可转债的时候，应该避免某只可转债仓位过重，这样就可以将风险尽可能地降到最低。

除了可转债破产退市这个风险外，当然，你还有可能想到，万一哪天国家突然喊停了可转债，就像“处决”了分级基金一样，我们又该怎么办呢?

如果真的有那么一天，就算得上是遇到真正的“黑天鹅”了。

对此也只有一个建议——做好大类资产配置，也就是“股债平衡”。

这里的“股”和“债”，并不是指狭义的股票和债券，而是广义上的“股权类资产”和“债权类资产”。

“股权类资产”，包括股票、股票型基金、房产等，这类资产最害怕遇到价格深度下跌。比如你家投资的房子，去年 100 万元买的，今年只值 50 万元了，你肯定会气得吃不下饭睡不着觉。

图 1-6 股权类资产和债权类资产

“债权类资产”，包括债券、债券型基金、货币型基金等，持有这类资产最害怕遇到恶性通货膨胀。比如你去年借给朋友 100 万元，朋友写了欠条，约定今年还给你 100 万元。结果这一年发生了恶性通货膨胀，朋友虽然还给了你 100 万元，但是这 100 万元只值 10 万元了，身为债主的你，恐怕会欲哭无泪吧。

了解了什么是“股权类资产”和“债权类资产”，想一想，可转债属于“股权类资产”还是“债权类资产”呢?

事实上，可转债两者的属性兼而有之。

如何预防政策上的“黑天鹅”？除了可转债，你需要在图 1–6 中的左边篮子和右边篮子里各挑选一些品类，构建自己的投资组合。只要做好了大类资产配置，保持“股债平衡”，那么单一品种的风险就不会让你“伤筋动骨”。

四、可转债的历史业绩

前面大家一起认识并了解了可转债，你应该是听够了对可转债的“赞美”吧，那么，可转债真的有那么好吗？这一节，我们将尽可能多地呈现具体的数据和图表，用真实的历史业绩，为大家还原可转债的历史收益情况。

1. 单只可转债的惊人表现

（1）通鼎转债

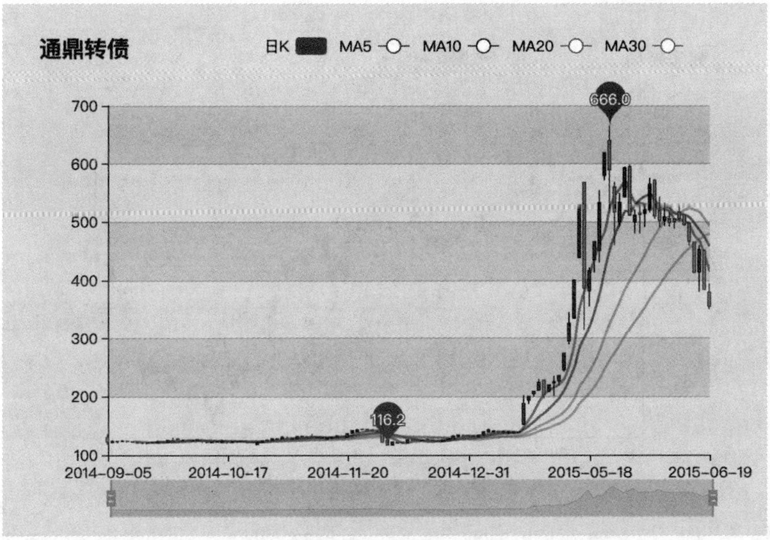

图 1-7　通鼎转债（128007）日 K 线走势图

2015 年 5 月 22 日，通鼎转债达到了 666 元的高价。

除了通鼎转债自身运气比较好，冲高阶段正好赶上了 2015 年的疯狂牛市之外，通鼎转债背后的上市公司大股东没少出力——高送转、资产重组、公司更名，这些在当年受到热炒的概念全都没落下，并且一个接一个地落实了。

2015 年 4 月 28 日，因为资产重组而停牌 3 个月的通鼎转债正股通鼎互联（002491）复牌，一口气连拉出 18 个涨停板，股价从 18.85 元爆炒至 105 元左右（复权价）。对应的通鼎转债也就跟着水涨船高，从 138 元一路飙升到 666 元。

这一切，就发生在 2015 年 4 月到 5 月这 1 个月之内。

1 个月，翻 5 倍。

通鼎转债也一度被称为“中国神债”。

（2）辉丰转债

如果说通鼎转债的故事是一首激烈昂扬但是却短暂的进行曲的话，那么作为辉丰转债（128012）的故事就是一首婉转悠长的“长恨歌”了。

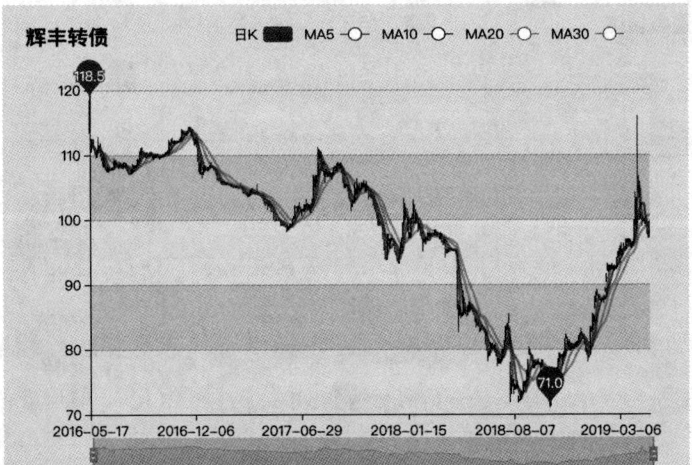

图 1-8　辉丰转债（128012）日 K 线走势图

2016 年 5 月 17 日，辉丰转债在深交所上市，首日开出了 118 元的价格。市场对这家国内细分农药行业的龙头企业还是给予了厚望，对其未来的发展充满了信心。

可转债发行不久后，市场环境下行，辉丰转债也跟着走弱。但是随着正股 2017 年年中财报发布，亮眼的营收数据和超强的利润及利润增长率，一下子又给辉丰转债打了一剂强心针，让它再次调转方向昂头向上，价格一度达到了 110 元的位置。

接下来的故事，就特别像一出猜不到结局的戏了。

2018 年 3 月，辉丰转债正股上市公司辉丰股份（002496）发布公告，公司因为涉及环境污染问题，被生态环境部门曝光。

2018 年 5 月，辉丰股份发布公告，因为环境问题，公司的非环保车间被关闭，此次受影响的业务占到了公司整体业务的 70%。

2018 年 8 月，辉丰股份发布公告，由于环保问题导致公司主营业务关停，股票被证监会实施风险警示，从此辉丰股份更名为 ST 辉丰。

从 2018 年 3 月到 2018 年 8 月，短短半年的时间，辉丰股份的市值就蒸发了 60%。

这下市场炸锅了，到处都是辉丰股份恐怕要破产退市的传闻。

之前讲过，可转债最大的风险就是上市公司破产退市。受到这样大的舆论影响，辉丰转债的价格迅速下滑，从 100 元跌到 90 元，再跌到 80 元……

直到 2018 年 7 月 30 日，辉丰转债的价格跌到了 71 元。

你可能对 71 元的可转债是个什么概念缺乏了解，没关系，苹果园的故事又上场了。

小红成功地从小青那里借到了 100 万元资金，然而第二年苹果园遭遇了一场特大干旱，整个苹果园的果树死了 60%，并且这场干旱什么时候结束，没有人知道。

小青着急了，她本来想着可以靠小红的苹果园大赚一笔，可眼下这情况看来，苹果园怕是不行了。她自然就想起了自己的 100 万元出借款，得赶快去要债呀，不然到时候跑路了怎么办？

等小青赶到小红的苹果园，她傻眼了，苹果园被好多债主围了起来。大家都知道旱灾将导致苹果园岌岌可危，都来讨债了。

这下场面热闹了。债主们纷纷要求小红还钱，可是小红根本拿不出来这么多现金，于是债主们就开始互相喊价。

一个债主说："小红老板，我借给你 100 万元，现在你只需要还给我 95 万元就好了。"另一个债主抢着说："小红老板，我这边只需要还 90 万元就行，你先还我，先还我。"

就这样，大家你一言我一语，喊价越来越低。为了让小红还钱，哪怕损失一部分本金大家也在所不惜。

轮到小青的时候，她发现现在假如继续跟着债主逼小红还钱，她只能拿回 71 万元了。

这就是辉丰转债跌到 71 元时所面临的情况，然而属于辉丰转债的故事并没有结束。

随着辉丰股份配合环境监察部门积极整改，从 2018 年 9 月开始，部分车间开始复产。截至 2019 年 1 月，复产的车间达到了 30%，剩下 40% 的车间也在陆续复产中。

这样的利好消息，让辉丰转债的价格恢复到了 80 元的水平。

2019 年 1 月 11 日，辉丰股份发布公告，计划出售农药相关业务给安道麦 A（000553），以谋求战略转型。

这则消息一出来，市场里可谓悲喜两重天。

悲伤的是辉丰正股的持有人。对于他们来说，战略转型只是一个美丽的谎言。辉丰股份这家公司的核心业务就在农药这个产品上，一旦把农药这项主营业务卖给了其他公司，辉丰股份就只剩下一个空壳了。这就好像你家楼下开了 10 年多、远近闻名的包子铺老板说："明天开始我再也不卖包子啦。"即使包子铺没有真正关门，还可以卖卖盒饭和零食什么的，但这家包子铺已经名存实亡。

喜悦的是辉丰转债的持有人。对于他们来说，辉丰股份出售掉农药这个业务，算是彻底摆脱了"做农药的企业绕不开污染环境"这个困局，再也不用害怕环保部门的审查了。另外，随着主营业务的出售，辉丰股份将得到大笔现金。这些现金就是可转债一定不会发生违约的保障，之前破产退市导致无钱还债的这颗定时炸弹，就算从辉丰转债上撤下来了。

1 个月之后，辉丰股份顺利摘掉 ST 的帽子，风险警示被撤销了。

图 1-9 辉丰股份环保问题时间线

截至 2019 年 11 月，辉丰转债的价格在 99 元左右，已经完全恢复到一只普通转债应该具有的价格。假如有人在 2018 年 7 月买入 71 元的辉丰转债，截至 2019 年 11 月，他已经获得了 39% 左右的持仓收益。

2019 年 11 月距离辉丰转债存续期到期，还有大约两年多的时间。对于辉丰转债未来的走势，市场上产生了基于回售、强赎等各种博弈策略。对于“起死回生”的辉丰转债，大家依旧抱有很高的期待。

（3）大股东表现积极的可转债——蓝标转债

之前讲过，可转债最后能否有好的结果，1 分天注定，剩下 99 分靠大股东打拼。

这里就拎来一个大股东态度积极的可转债——蓝标转债（123001）为大家讲一讲。

蓝标转债的发行公司为蓝色光标（300058），业务涉及营销服务、数字广告以及国际业务等。作为一家在业内名头很响的公司，蓝色光标在资本市场的表现也很是“与众不同”，其停牌、并购重组的频次长期居于创业板和A股的前列（甚至很长一段时间都是第一名）。

如果说71元的辉丰转债是市场因为利空消息遭遇错杀的遭难“贵公子”，那么曾经跌到85元的蓝标转债，简直就是打不死的小强，人生逆袭的底层咸鱼。在资本市场里，蓝色光标充分将大股东应该如何积极促进可转债完成“借钱不还”的终极使命表演得淋漓尽致。

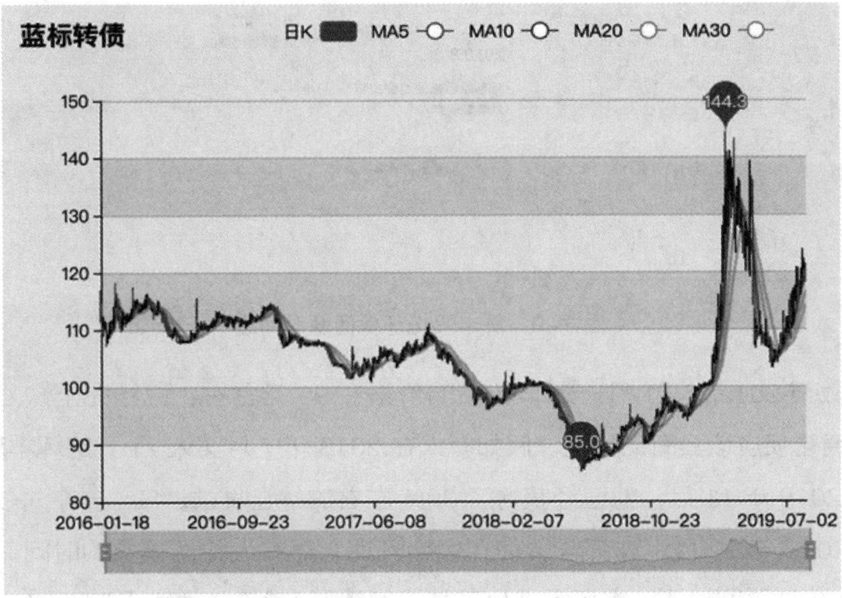

图1-10 蓝标转债（123001）日K线走势图

2016年1月18日，蓝标转债上市。

在上市前几天以及上市当天，蓝标转债正股蓝色光标遭遇连续跌停——蓝标转债就是在正股暴跌中诞生的。普通的可转债，一出生就碰到正股连续跌停的走势，估计早就发疯了。

但它是蓝色光标，创业板里神奇的蓝色光标。

硬扛正股的连续跌停走势，蓝标转债上市首日硬是开出了115元的价格。

接下来，蓝色光标正股价格继续一泻千里，向着腰斩再腰斩的速度向下狂奔。

在这种情况下，蓝标转债的大股东抓紧时间采取对策，仅仅 1 年之后，也就是 2017 年 6 月，蓝色光标就召开了股东大会，进行蓝标转债第一次转股价下修。

本来可转债下修也不是什么奇怪的事情，但是蓝标转债可是自 2014 年 9 月以来首个发起下修的转债，可以说大股东非常希望通过下修转股价，促进蓝标转债完成“借钱不还”的使命。

这个举措一出台，市场充分感受到了大股东的决心。

可是好景不长，由于蓝色光标的海外扩张计划出现问题，经营状况每况愈下，股价更是持续下跌。在这种情况下，虽然转股价下修获得成功，但是离大股东“借钱不还”的愿望眼看是越来越远。

屋漏偏逢连阴雨，天寒又逢雪上霜。在 2017 年 9 月底，蓝色光标收到了深交所的警示函，询问关于蓝色光标可转债募集资金的使用情况——可转债本身是债券，募集来的资金不能用作募集说明书规定之外的用途，如果变更资金用途，就将触发附加回售，也就是提前还钱给债权人。

大股东先是乖乖听话，表示会及时发布募集资金用途说明。半年之后，为了拖延触发附加回售的时间，竟然自行宣布延期发布关于募集资金用途的说明。

这下市场一下子就炸了，市场中一片谩骂声和质疑声，这种做法实在太过分了。这是打算用“拖”字诀，拖到地老天荒吗？

2018 年 6 月，蓝标转债的价格急跌到了 85 元。

大股东一看这个价格，着急了——这样下去可就得还钱了。

紧急情况下，2018 年 8 月，蓝色光标的大股东再次召开股东大会，再次下修转股价。这次下修之后，成效显著，蓝标转债的价格慢慢地爬上来了。

虽然大股东靠两次下修的行动拯救了蓝标转债，但是蓝色光标正股依旧惨兮兮的。

2019 年 1 月，蓝标转债进入了回售期。由于此时蓝色光标股价太低，即将触发回售条款。蓝色光标的大股东为了避免触发回售条款，提前还钱给债权人，再次下修了转股价。

蓝色光标的大股东们，就差把“打死都不还钱”几个字写在脸上了。

为了不提前还钱，下修转股价；为了最终能够不还钱，再次下修转股价；要是下修两次效果都不好怎么办？那就第三次下修！

经过 3 次下修转股价，蓝标转债多次挺过差点儿就要还钱的困境，顺利地等到了 2019 年年初的快速上涨。配合着各种题材的炒作，蓝标转债的价格一举冲高到了 144 元。

2019 年 9 月 9 日，蓝标转债成功地满足了强赎条件，发布了强赎公告。

大股东可以自豪地说——靠着自己的努力，“借钱不还”的目标完美达成了。

蓝标转债的一生，绝对称得上是传奇的一生。

（4）大股东表现懒惰的可转债——江南转债

看完了大股东积极的正面典型，再来看一看大股东懒惰的反面典型——江南转债（113010）。

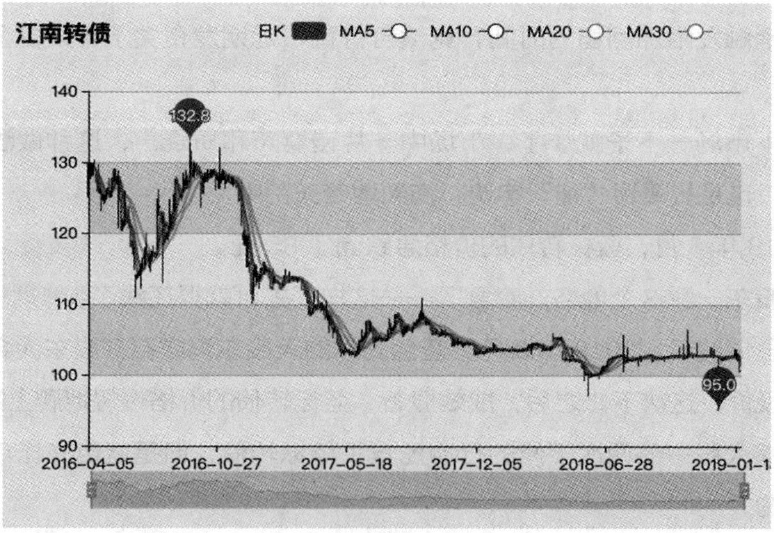

图 1-11　江南转债（113010）日 K 线走势图

江南转债的正股江南水务（601199），也是一个根正苗红的国资企业。

江南转债的开局也红过，2016 年 4 月上市的时候，首日就达到了 130 元的价格。

然而随着熊市的来临，江南水务的正股价不断下跌，江南转债的价格也随之持续走低。然后……就没有然后了。

还记得蓝标转债为了不还钱有多拼命吗？

江南转债呢，除了 2018 年 4 月象征性地下修了一点点转股价，就没有别的动作了。

最关键的是，不知道是哪个天才给江南水务董事会提出的建议，江南转债设置了一条“无限回售条款”。

什么是无限回售条款呢？

前面讲解蓝标转债的时候说过，如果触发了回售条款，大股东必须无条件还钱给债权人，所以大部分公司对于可转债的回售条件都比较严格——比如特定的价格、特定的时间、特定的回售次数。一般来说都是 1 年只能回售 1 次。

就像你家楼下的超市，虽然可能隔三差五送你个优惠券、代金券什么的，但是限定只能在双十一或者双十二当天使用，并且店里存货卖完了活动就截止。

不难理解，对吧？

可江南转债的“无限回售”条款是这么规定的——在自然年内，债权人可以不限次数地发起回售。

这就变成了你家楼下的超市天天送优惠券、代金券，允许你随时购买使用，并且还不限量购买，你想买多少，哪怕从全国调货，都一定给你提供。

这样的超市，想必用不了多久就会关门大吉。

江南转债当然也是。2018 年江南转债 1 年之内就发起了 5 次回售，每一次都还给了债权人海量的资金。最后因为债券存量不足 3000 万元，触发了强赎退市条款，只能以还本付息这个保底型结局作为最终结局。

如果说蓝标转债的大股东脸上写着“打死都不还钱”的话，江南转债的大股东脸上一定写着“我一点都不差钱，快来找我还债吧”。

一天一地，一冰一火，可转债的市场真是其乐无穷。

选取了4只典型的可转债来组成这一节内容，是希望能够以真实的历史，让大家亲身体验一下可转债市场。

期望大家早日加入其中，亲身体验这样的精彩故事。

无论发生哪一种情况，只要我们使用对应的策略，就可以从可转债市场里赚到钱。

可转债是一个内涵非常丰富的投资品种，它对应的操作手法从来就不止一种。

如果有人告诉你“投资可转债只掌握一个套路就对了”，你大可认为对方要不就是一个活在过去时代的古董型投资者，要么就是一个对可转债研究不深入的路人型投资者。

2. 可转债的整体收益

这一节把目光放得更远一些，来看看整个可转债市场的收益数据。

下面会从两个方面来展开这一节的内容——可转债指数和可转债基金。

（1）可转债指数

首先给大家推荐一个可转债数据网站——宁稳网（www.ninwin.cn）。

宁稳网收录了相当全的可转债数据，并且提供各种简单易用的数据图表，以方便可转债投资者学习。更重要的是，目前宁稳网是一个公开、免费的数据网站，这对于广大可转债投资者来说是一个巨大的福利。

那么，什么是可转债指数呢？

要明白可转债指数是什么，需要先弄明白什么是指数。

回忆一下，上学的时候，每次考试之后，全班的平均分是怎么计算出来的？是不是把所有人的分数加起来，然后再除以班级总人数？这个班级平均分，就可以看作是一种特殊的指数，它能够反映班级总体的成绩水平。

在证券市场中，也有很多大大小小的金融数据公司，它们利用类似但是更为高级的方法，编写证券市场的各种指数，例如沪深 300 指数、中证 500 指数、上证 50 指数等。

使用指数，可以反映标的物的整体价格水平。

可转债指数也是这样的。

也就是说，**可转债指数能够以最大可能性展示可转债市场的整体走势情况**。

将可转债指数与沪深 300 指数放在同一张图表中进行对比，就可以近似评估可转债市场与 A 股市场的走势差异。

在宁稳网编撰的这张可转债指数走势图中，记录了从 2002 年至 2019 年的可转债市场走势数据及 A 股走势数据。

很明显，可转债市场大幅跑赢了 A 股市场。

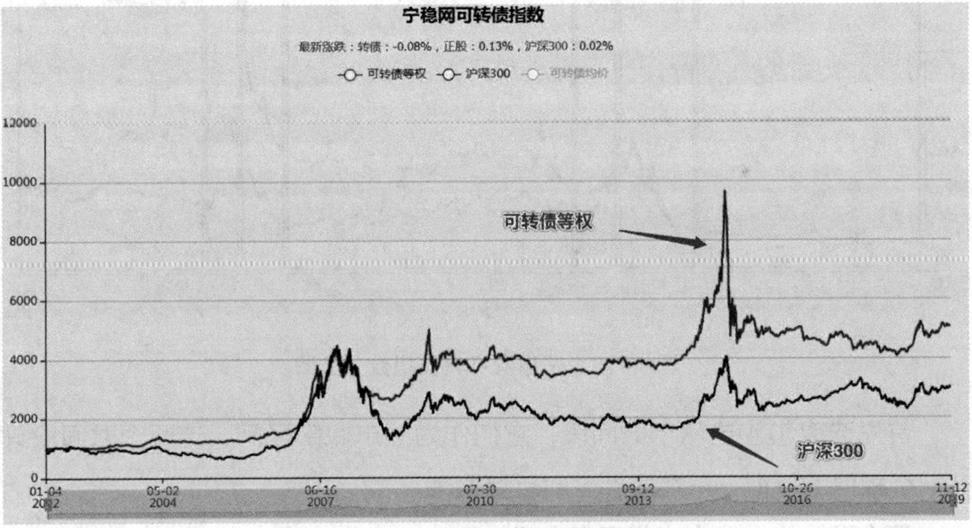

图 1–12　宁稳网可转债指数走势图

那么，可转债在不同的历史时期表现如何呢？

以 2007 年的牛市顶峰与 2015 年的牛市顶峰作为标记点位，将时间分为这样几段。

① 2002.1—2005.11　　熊市底部

② 2005.11—2008.1　　牛市上坡

③ 2008.1—2008.11　　牛市下坡

④ 2008.12—2014.1　　熊市底部

⑤ 2014.1—2015.6　　牛市上坡

⑥ 2015.6—2016.2　　牛市下坡

⑦ 2016.2—2019.11　　振荡期

按照这个时间轴分割之后，可转债指数走势图就变成了图 1–13 这样。

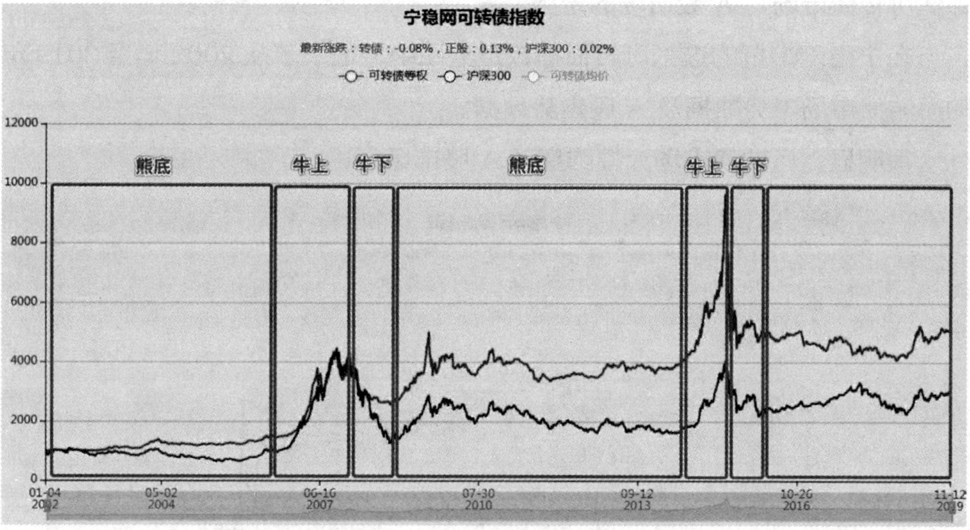

图 1–13　宁稳网可转债指数分区图

首先选取①④这两个时间段，它们作为熊市底部区间，这两个时间段具有一个相似的特征——在底部区间反复振荡。

那么可转债在熊市底部区间表现如何呢？

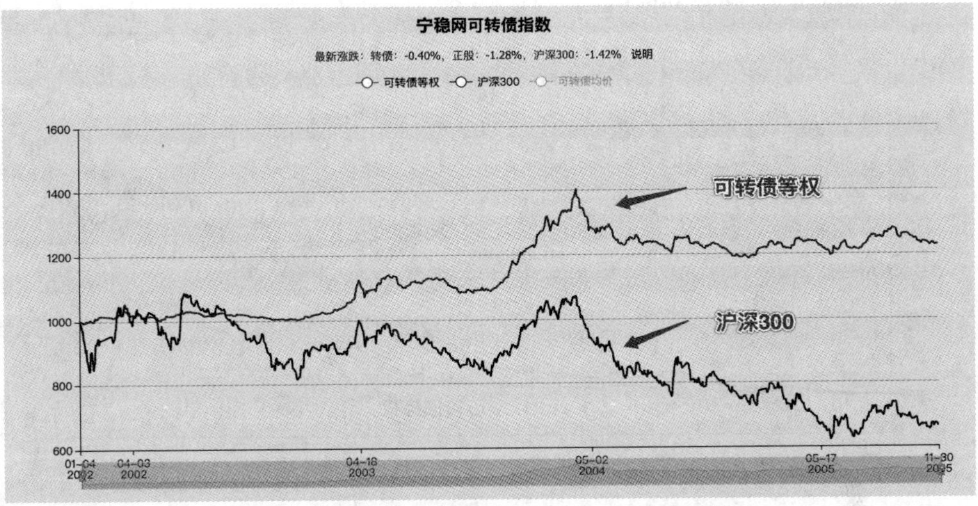

图 1-14 宁稳网可转债指数① 2002.1-2005.11

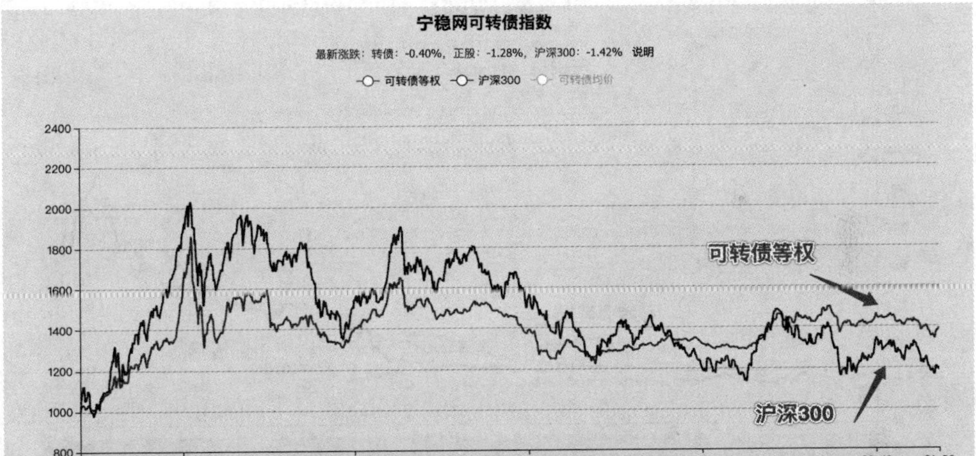

图 1-15 宁稳网可转债指数④ 2008.12-2014.1

结论：在①与④这两个熊市底部，可转债指数走势都取得了最终的胜利。另外，随着股市的深度下跌，可转债由于其债性保底，可以说走势明显较强。

接着选取牛市上坡的两个时间段②和⑤，这两个时间段的特征就是在短时间内资产价格快速上升。

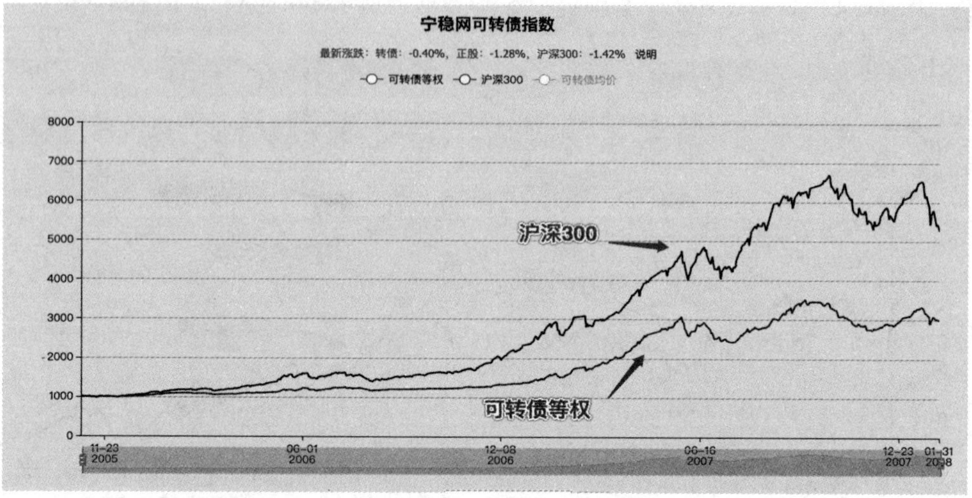

图 1-16　宁稳网可转债指数② 2005.11-2008.1

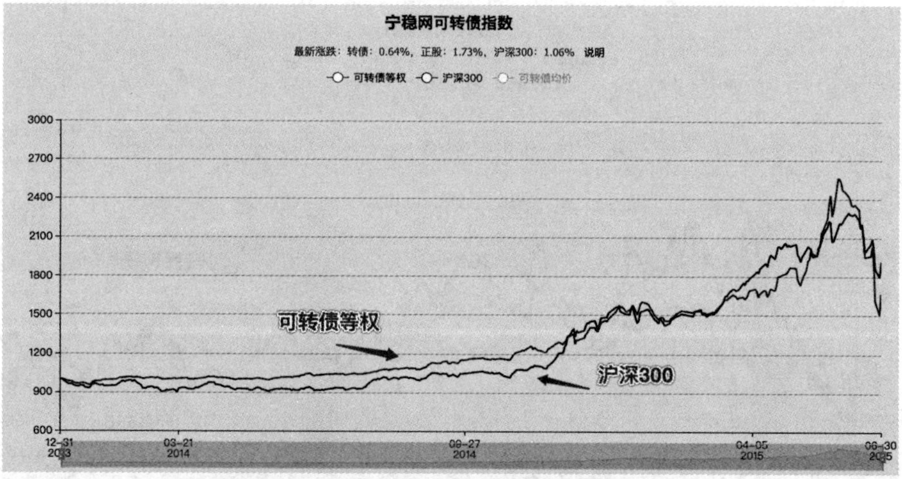

图 1-17　宁稳网可转债指数⑤ 2014.1-2015.6

结论：在两次大牛市的上坡过程中，可转债在 2007 年的牛市未能跑赢沪深 300 指数，但是在 2015 年的牛市中，几乎保持了和沪深 300 指数一致的上升姿态，最后还微微地跑赢了沪深 300 指数。

最后，选取牛市下坡的两个时间段③与⑥。与牛市上坡相反，这两个时间段的共同特征是在短时间内资产价格快速下跌。

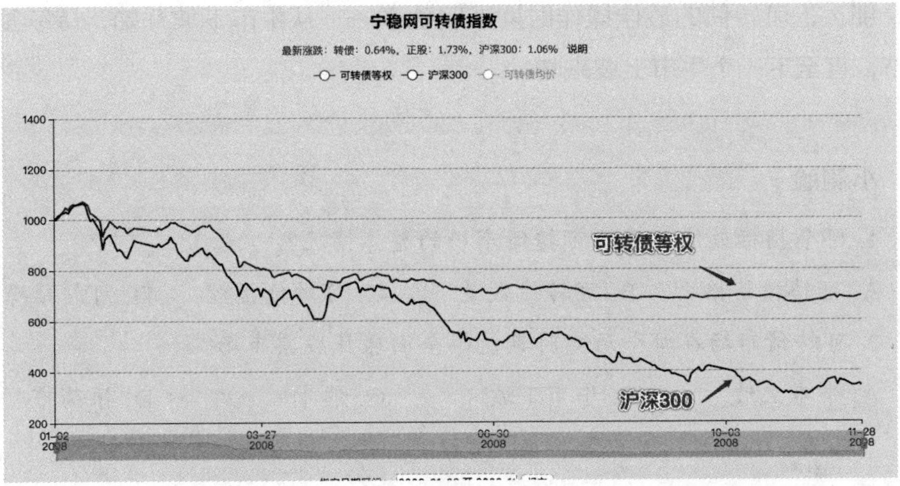

图 1–18　宁稳网可转债指数③ 2008.1–2008.11

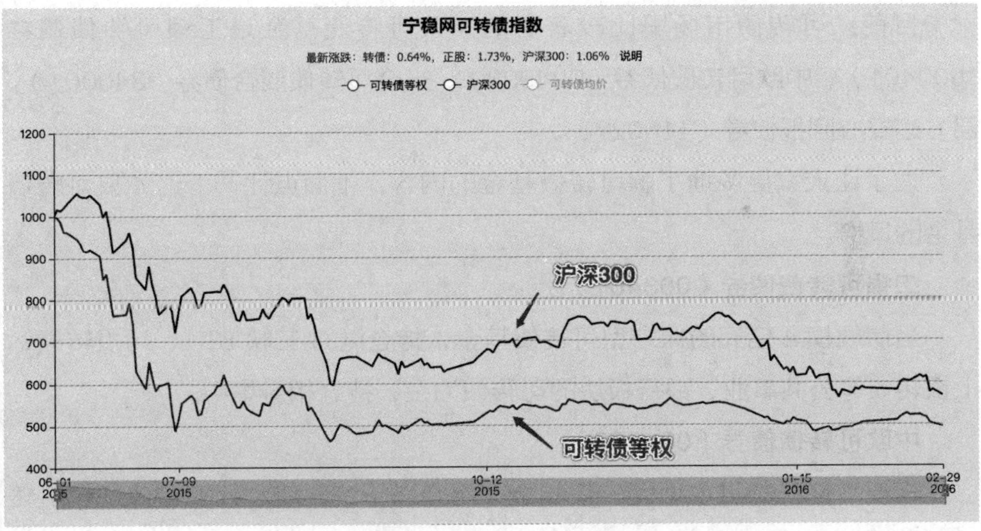

图 1–19　宁稳网可转债指数⑥ 2015.6–2016.2

结论：在两次大牛市的下坡过程中，可转债在 2007 年的牛市下坡中走势完胜沪深 300 指数，在 2015 年的牛市下坡中走势小幅输于沪深 300 指数。

经过对上面 17 年历史数据的具体分析，可以初步得出——可转债在熊市大赢，在牛市上坡时期小输，在牛市下坡时小赢这样的结论。

那么，可转债的最佳操作时期就明确了——从牛市下坡开始，持续整个熊市，直至下一个牛市上坡来临。

小测验

1. 哪个指标最能够反映可转债市场的整体情况？

A. 可转债价格　　B. 可转债数量　　C. 可转债指数　　D. 可转债峰值

2. 可转债市场在哪个历史时期能够全面碾压股票市场？

A. 牛市上坡　　B. 牛市下坡　　C. 熊市　　D. 振荡市

（答案　1. C　　2. C）

（2）可转债基金

目前，可转债市场里比较著名的 4 只可转债基金是工银可转债债券（003401）、中欧可转债债券（004993）、兴全可转债混合债券（340001）、易方达安心回报债券（110027）。

为了让大家更多地了解可转债基金的内容，下面点评一下这 4 只可转债基金的风格。

工银可转债债券（003401）

当前规模 4 亿元的保守型可转债基金，持仓以 G 三峡 EB1、川投转债、上银转债等公共事业、银行板块的可转债为主，持仓相对集中。

中欧可转债债券（004993）

规模 7 亿元的进攻型可转债基金，持仓以华统转债、杭氧转债、起帆转债等机械、电子设备板块的可转债为主，持仓相对集中，风格略激进。

兴全可转债混合债券（340001）

规模 40 亿元的稳赢型可转债基金，持仓以海澜转债、闻泰转债、南银转债等银行板块的可转债为主，持仓相对平均分散。

易方达安心回报债券（110027）

规模 107 亿元的防守型可转债基金，持仓以苏银转债、G 三峡 EB1、各种国开债等银行、公共事业板块的可转债为主，持仓分散，更多布局防守型资产，稳扎稳打。

如果你是一位懒得在投资品类上花费精力的人，那么由成熟资深的基金经理打理的可转债基金，无疑是你最好的选择。

第二章

低风险年化收益率 100% 的可转债打新

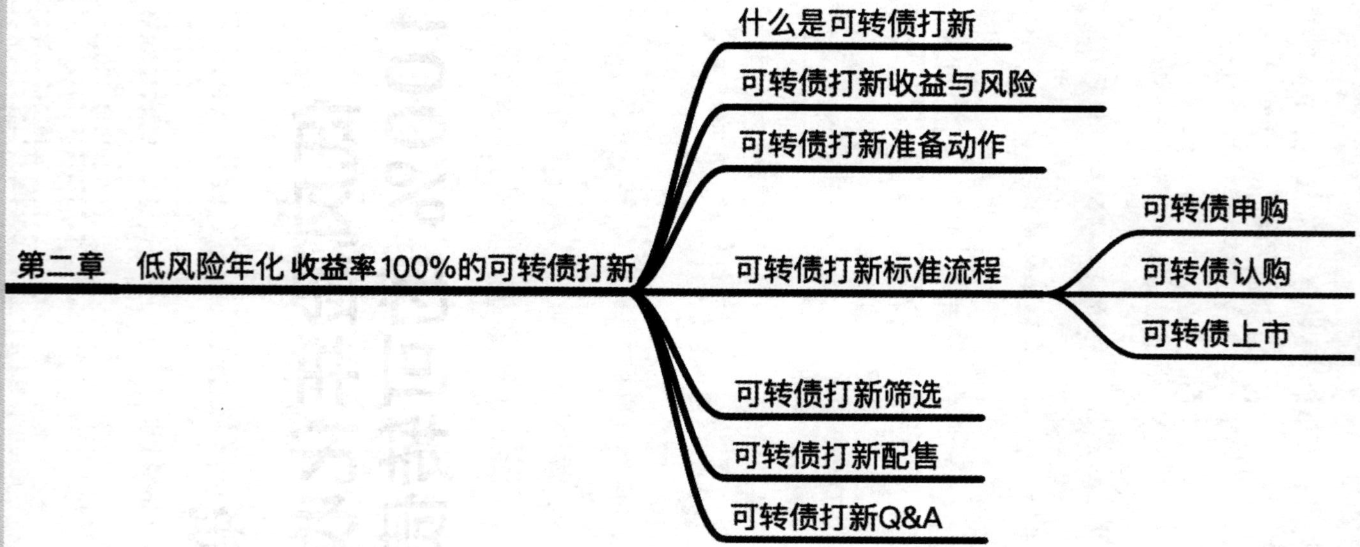
第二章　低风险年化 收益率100%的可转债打新
什么是可转债打新
可转债打新收益与风险
可转债打新准备动作
可转债打新标准流程
可转债申购
可转债认购
可转债上市
可转债打新筛选
可转债打新配售
可转债打新Q&A

一、什么是可转债打新

可转债这个品种的最大特点就是“可计算”这 3 个字。

在这一章，我们将进入可转债投资的实战部分，便是将“可计算”这 3 个字贯彻得非常彻底的可转债打新。

股票打新，想必你并不陌生（即使没有实操过，也应该听说过）。

可转债打新，和股票打新非常类似——指的是对新发行的可转债进行申购，根据中签情况缴款认购，等待上市后获利卖出这一系列行为。

既然可转债打新针对的是新发行的可转债，那就先来了解一下可转债是如何诞生的吧。

在可转债的诞生之路上，按照时间的先后顺序，总共有 6 个关卡——①董事会预案，②股东大会批准，③证监会受理，④发审委通过，⑤证监会核准批文，⑥发行公告。

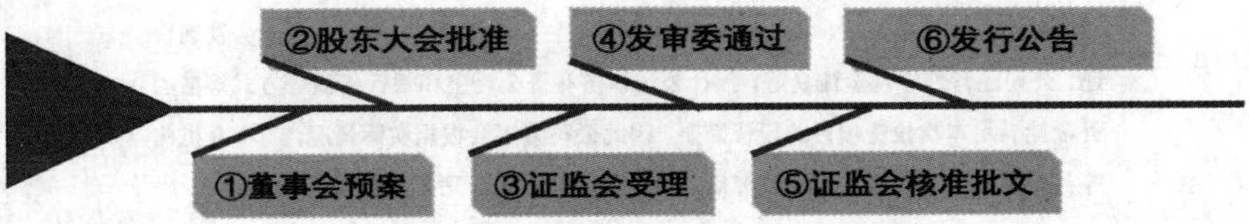

图 2-1　可转债发行流程图

这 6 道关卡，每一关都有“重兵把守”，每一关都可能会让可转债发行计划“胎死腹中”。

在第①②关里，难点在于上市公司的内部斗争。因为可转债的存在可能会损害中小股东的利益，因此中小股东一开始就对公司发行可转债心有不平。

在第③④⑤这 3 关的审理中，证监会起着举足轻重的作用。假如提交申请的上市公司有任何财务数据或者行为上的不合规，那么可转债的发行申请也可能就在这几关里落下帷幕。

通过了前面 5 关，可转债的发行看起来似乎十拿九稳了。然而，市场里最不缺的就是黑天鹅。

比如浙江美大（002677），上市公司 2018 年 10 月 16 日取得证监会批复（闯过前面 5 关），获得核准公开发行 4.5 亿元可转债后，2019 年 3 月 10 日晚间突然发布了终止发行可转债的公告。

一、本次发行可转债事项的基本情况

公司于 2018 年 2 月 27 日召开的第三届董事会第八次会议、第三届监事会第七次会议，于 2018 年 3 月 22 日召开的 2017 年度股东大会，审议通过了公司本次发行可转债的相关议案，拟公开发行可转换公司债券。本次公开发行可转换公司债券募集资金总额不超过 45,000 万元，募集资金用于年新增 110 万台集成灶及高端厨房电器产品项目（以下简称"本次投资项目"）。

2018 年 10 月 16 日，公司收到了中国证券监督管理委员会（以下简称"中国证监会"）出具的《关于核准浙江美大实业股份有限公司公开发行可转换公司债券的批复》（证监许可（2018）1536 号）（以下简称"批复"），核准公司向社会公开发行面值总额 45,000 万元可转换公司债券。该批复自核准发行之日（2018 年 9 月 25 日）起 6 个月内有效。

二、公司终止本次发行可转债的原因

公司在取得批复后，由于资本市场环境发生了诸多变化，同时公司业务发展快速，公司经营性净现金流良好，预计公司以自有资金为主和银行借款等方式筹措的资金能满足本次投资项目的投资需要，因此公司董事会根据实际情况，与中介机构等各方充分沟通并做了审慎研究后，决定终止本次发行可转债事项。

图 2-2　浙江美大终止发行可转债公告

除了像浙江美大这样倒在第 6 关门口的，还有像交通银行（601328）这样"睡"在第 6 关门口的——原定于 2019 年 6 月之前发行 600 亿元可转债的交通银行，4 月突然召开董事会，提议延期发行可转债，并且该决议最终在股东大会上通过了。

> 目前，本公司正在积极稳妥推进本次发行事宜。为保持相关工作的延续性和有效性，确保后续工作顺利进行，本公司 2019 年 4 月 29 日召开的第八届董事会第二十六次会议审议通过了《关于提请股东大会批准延长公开发行 A 股可转换公司债券方案决议有效期及授权有效期的议案》，同意将本次发行决议有效期、授权有效期，自前述有效期届满之日起均延长十二个月，即均延长至 2020 年 6 月 28 日。该议案尚需提交本公司股东大会及类别股东大会审议批准。

图 2–3　交通银行延期发行可转债公告

由此可见，只要一天没有发布发行公告，可转债发行这件事就不算稳当。

虽然上面举了几个让投资者伤心的发行夭折案例，但是绝大部分可转债还是顺利地走完了 6 个关卡，发布了发行公告，等着投资者来申购。

根据数据显示，近几年可转债无论是发行数量还是发行规模，都呈现加速状态。2021 年全年共发行了 114 只可转债，2022 年新上市可转债达 145 只。

自从 2017 年国家放宽了可转债的发行要求，并且更改了投资者申购可转债的规则之后，越来越多的上市公司选择发行可转债来募集资金。

从历史数据可以发现，有不少上市公司已经发行了超过 2 次的可转债（一般来说，可转债的名称是 AA 转债，如果第二次发行，则会叫做 AA 转 2，以此类推）。

火热的可转债发行行情，自然会带来火热的可转债打新市场。

二、可转债打新收益及风险

可转债打新究竟能赚多少钱？

当你第一次学习一个全新的投资品种的时候，想必没有什么比直接看到实盘成本和收益更能让你信服的了。

表 2–1　单账户可转债打新实盘收益表

认购时间	卖出时间	名称	中签数	收益
2017.11.24	2017.12.11	生益转债	1	–6
2017.12.5	2018.1.12	宁行转债	1	100
2017.12.25	2018.1.15	航电转债	1	28
2017.12.22	2018.1.16	太阳转债	1	202
2017.12.21	2018.1.19	赣峰转债	1	20
2017.12.19	2018.1.30	万信转债	1	121
2018.1.19	2018.2.6	常熟转债	1	57
2018.1.26	2018.2.14	江银转债	2	–25
2018.2.6	2018.3.5	大族转债	3	450
2018.1.30	2018.3.14	无锡转债	3	–37
2018.3.1	2018.3.22	玲珑转债	2	60
2018.3.6	2018.3.28	杭电转债	1	20
2018.3.7	2018.4.10	星源转债	1	220
2018.3.12	2018.4.11	长证转债	1	70
2018.3.13	2018.5.14	敖东转债	1	51

（续表）

认购时间	卖出时间	名称	中签数	收益
2018.3.22	2018.4.20	利欧转债	3	−66
2018.4.26	2018.5.17	新凤转债	3	30
2018.6.22	2018.7.12	千禾转债	1	5
2018.7.9	2018.7.24	景旺转债	3	600
2018.7.16	2018.8.1	安井转债	1	91
2018.7.17	2018.8.6	海澜转债	11	36
2018.7.18	2018.8.23	盛路转债	6	18
2018.7.19	2018.8.23	德尔转债	3	−105
2018.7.26	2018.8.27	高能转债	4	−8
2018.7.30	2018.11.12	凯中转债	4	−216
2018.8.2	2018.8.27	东音转债	2	−75
2018.8.29	2018.9.14	机电转债	1	150
2018.11.7	2018.12.7	光电转债	1	70
2018.11.9	2018.12.3	洲明转债	3	54
2018.11.12	2018.11.26	百合转债	2	60
2018.11.20	2018.12.7	科森转债	3	−57
2018.11.20	2018.12.25	特发转债	3	30
2018.11.21	2018.12.12	桐昆转债	2	2
2018.11.22	2018.12.18	圆通转债	2	20
2018.11.22	2018.12.24	寒锐转债	3	−84
2018.11.23	2018.12.12	山鹰转债	5	0
2018.12.11	2018.12.28	福能转债	2	60
2018.12.20	2019.1.18	海尔转债	1	120
2019.1.28	2019.2.19	维格转债	4	269
2019.2.18	2019.3.7	尚荣转债	1	180

（续表）

认购时间	卖出时间	名称	中签数	收益
2019.2.27	2019.3.22	中来转债	1	140
2019.3.5	2019.3.20	长城转债	1	135
2019.3.11	2019.4.8	拓邦转债	1	201
2019.3.18	2019.4.3	苏银转债	1	90
2019.3.26	2019.5.23	招路转债	1	10
2019.3.28	2019.4.15	中装转债	1	66
2019.4.2	2019.4.22	百姓转债	1	99
2019.4.2	2019.4.19	精测转债	1	128
2019.4.4	2019.4.24	亚药转债	1	78
2019.4.4	2019.4.24	海环转债	1	60
2019.4.8	2019.4.24	参林转债	1	71
2019.4.10	2019.4.26	核建转债	1	30
2019.4.17	2019.5.16	创维转债	1	0
2019.4.18	2019.5.10	雅化转债	1	–38
2019.6.4	2019.6.26	三星转债	2	40
2019.6.6	2019.7.1	和而转债	1	100
2019.6.18	2019.7.10	华钰转债	1	26
2019.6.21	2019.7.15	清水转债	1	19
2019.6.26	2019.7.11	华森转债	1	2
2019.7.2	2019.7.22	安图转债	1	140
2019.7.17	2019.8.5	南威转债	1	2
2019.7.25	2019.8.13	荣晟转债	2	4
2019.8.20	2019.9.5	欧派转债	1	263
2019.8.20	2019.9.10	英科转债	1	177
2019.8.22	2019.9.16	翔鹭转债	1	105

（续表）

认购时间	卖出时间	名称	中签数	收益
2019.8.22	2019.9.12	九洲转债	1	103
2019.8.26	2019.9.11	哈尔转债	1	111
2019.9.25	2019.10.21	游族转债	1	113
2019.10.16	2019.11.7	金能转债	1	23
2019.10.28	2019.11.22	索发转债	1	43
2019.10.28	2019.11.20	浦发转债	3	135
2019.11.5	2019.11.25	金力转债	1	113
2019.11.20	2019.12.12	常汽转债	1	70
2019.12.3		烽火转债	1	
2019.12.6		华锋转债	1	
			总收益	5174

表 2–1 是笔者从 2017 年开始的单账户可转债打新实盘数据。

根据这些数据，可以大致估算出可转债打新平均投入的本金在 3000～5000 元左右，而年化收益率却高达 100%，并且在各个时间点上基本没有出现什么大的波动。

一个低投入（本金 3000～5000 元）、高收益（年化收益率 100%）且持续稳定的投资品种，你是不是有些心动呢？

在心动的同时，可能你大脑里的风险警报系统也会响起来——一个收益率极高的投资品种，风险会不会也很高呢？

你可能也会注意到，以上的实盘数据中，也不是每只可转债都赚了钱，还有个别的可转债出现了亏损。

你一定会担心，自己能不能避开这些亏钱的可转债，成功地挑中那些赚钱的可转债呢？

很好，你能在关注收益的同时关注到风险问题，说明你已经具备了进入资本市场的基本警觉意识。

可转债由于其特殊的产品属性，结合了股票和债券的优点于一身，本身就是一个低风险的品类。

具体到可转债打新，在挑选可转债参与打新上，本书建立了一套严谨的筛选计算体系。当你学习了基本原理与计算方法后，只要通过简单的数学运算（甚至可以在 Excel 中建立公式，填入数据就可以一键得到计算结果），便可以一眼判定某只可转债是否值得参与打新。

以上这一切，都让可转债打新成为一项名副其实的低风险、高收益、低投入的投资。对于刚刚开始接触可转债的新手来说，没有什么比可转债打新这块敲门砖更好更方便的了。

三、可转债打新准备动作

前面讲了，可转债打新和股票打新类似。

唯一不同的地方是——可转债目前采用的是信用申购制度，而股票采用的是市值申购制度。

信用申购制度和市值申购制度是什么意思呢？

市值申购制度，意味着你能够申购多少新股，跟你持有的股票市值是挂钩的。根据目前的规定，沪市 1 万元市值，深市 5 千元市值可以各获得一个配号。假如你连门票钱都凑不够的话，是没资格参与股票打新的。

市值申购，在意的是公平——有多少钱就能申购多少新股。

信用申购制度，意味着每一个户头（1 个身份证开设的不同券商账号只算作 1 户）获得的申购份额是相同的，不管你的户头里市值是 100 万元还是分文没有，都可以申购同样数量的可转债。

信用申购，在意的是平等——每个人都享有平等的权利。

从这一点来看，可转债打新是一个近乎 0 门槛的投资活动。唯一的要求，就是你要有一个有可转债交易权限的证券账号。

如果你在 2022 年 6 月前开通了可转债交易权限，那么此刻你已经可以开始打新了。如果你在该时间前没有开通可转债交易权限，根据最新规定，证券账户要拥有可转债交易权限，需要满足：①申请权限开通前 20 个交易日证券账户及资金账户内的资产日均不低于人民币 10 万元（不包括该投资者通过融资融券融入的资金和证券）；②参与证券交易 24 个月以上。

需要额外提醒的是，由于可转债打新中有部分可转债正股属于创业板，所以建议你完成网上开户之后，也要开通创业板权限，具体开通的方式详询你的券商。

四、可转债打新标准流程

可转债打新分为 3 个步骤——申购，认购，上市。

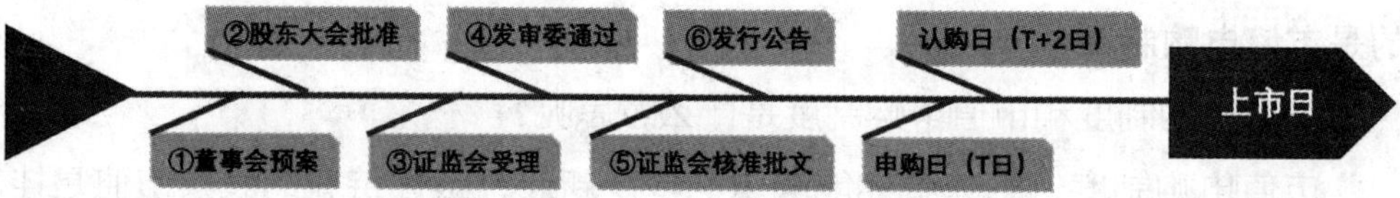

图 2-4　可转债发行流程图

1. 可转债申购

在申购日（即 T 日，通过可转债发行公告可以查询），登录券商 APP 或者客户端，选择买入操作，输入可转债申购代码（通过可转债发行公告可以查询）以及申购数量，即可完成申购。

1、本次发行的原股东优先配售日和网上申购日为 2019 年 8 月 16 日（T 日）。原股东及社会公众投资者在 2019 年 8 月 16 日（T 日）参与优先配售后余额部分的网上申购时无需缴付申购资金。

2、社会公众投资者通过上交所交易系统参加网上发行。网上申购简称为“欧派发债”，申购代码为“754833”。每个证券账户的最低申购数量为 1 手（10 张，1,000 元），超过 1 手必须是 1 手的整数倍。每个账户申购数量上限为 1,000 手（1 万张，100 万元），如超过该申购上限，则该笔申购无效。投资者参与可转债网上申购只能使用一个证券账户。同一投资者使用多个证券账户参与欧派转债申购的，以及投资者使用同一证券账户多次参与欧派转债申购的，以该投资者的第一笔申购为有效申购，其余申购均为无效申购。

图 2-5　欧派转债（113543）发行公告

2. 可转债认购

在认购日（即 T+2 日），登录券商 APP 或者客户端，即可知道是否中签以及中签数量是多少。需要根据中签数量缴款——如果中签 1 手 /10 张，则缴纳 1000 元，以此类推。

4、网上投资者申购可转债中签后，应根据《欧派家居集团股份有限公司公开发行可转换公司债券网上中签结果公告》（以下简称"《网上中签结果公告》"）履行资金交收义务，确保其资金账户在 2019 年 8 月 20 日（T+2 日）日终有足额的认购资金，能够认购中签后的 1 手或 1 手整数倍的可转债，投资者款项划付需遵守投资者所在证券公司的相关规定。投资者认购资金不足的，不足部分视为放弃认购，由此产生的后果及相关法律责任，由投资者自行承担。根据中国结算上海分公司的相关规定，放弃认购的最小单位为 1 手。网上投资者放弃认购的部分由主承销商包销。

图 2-6　欧派转债（113543）发行公告

最晚缴款时间为认购日当日下午 4 点前，逾期未缴纳或者缴纳不足（例如中签 2 手却只缴纳了 1000 元）都视为违约。

连续 12 个月内违约 3 次，将被证监会处以未来 6 个月内不允许进行新股及新可转债打新的惩罚。你可以简单地这样去理解——你在连续 12 个月内最多可以获得 2 张黄牌，一旦证监会发给你第 3 张黄牌，就将被罚下场整整 6 个月，然后才能重新参赛。

6、网上投资者连续 12 个月内累计出现 3 次中签但未足额缴款的情形时，自中国结算上海分公司收到弃购申报的次日起 6 个月（按 180 个自然日计算，含次日）内不得参与网上新股、存托凭证、可转债、可交换债的申购。放弃认购的次数按照投资者实际放弃认购的新股、存托凭证、可转债、可交换债的次数合并计算。

图 2-7　欧派转债（113543）发行公告

违约的后果，对于所有参与打新的朋友来说肯定是得不偿失的。

一般来说，你不用过于担心因为遗忘缴款导致的认购违约。现在券商一般都会设置信息推送服务，个别服务特别周到的券商甚至会亲自打电话通知你。

除了上面这种情况，还有一种情况会产生违约行为。就是在申购了可转债并且中签之后，因为正股基本面变坏或者听闻市场上的一些消息，主动采取不缴纳资金而放弃认购的行为。

从道理上来说，虽然正股下跌，导致根据目前数据测算出的可转债打新收益缩小甚至变为亏损，看样子好像放弃认购才是对的。但是实际上距离可转债上市还有将近 1 个月的时间，在这个时间段里，正股的走势是很难预料的，今日可能惨兮兮的，明日就可能转头上扬。

更重要的是，可转债目前采用的信用申购机制，就是在鼓励所有人珍惜信用，善待信用，所以自己申请的可转债，一旦中签一定要记得缴款认购。

3. 可转债上市

在上市日（一般来说为认购日后大约 15～30 天，通过上市公司公告可以查询），登录券商 APP 或者客户端，选择卖出操作，输入可转债代码（与申购代码不同）及数量，即可完成卖出。这个过程就像卖出股票一样简单。当然，也可以直接在你的持仓中找到该转债，选择卖出即可。

就这样，一个为期大约 1 个月的可转债打新流程就完成了。

一、可转换公司债券简称：欧派转债

二、可转换公司债券代码：113543

三、可转换公司债券发行量：14.95 亿元（1,495 万张）

四、可转换公司债券上市量：14.95 亿元（1,495 万张）

五、可转换公司债券上市地点：上海证券交易所

六、可转换公司债券上市时间：2019 年 9 月 4 日

图 2-8　欧派转债（113543）上市公告

五、可转债打新筛选

可转债打新，究竟应该如何筛选标的，从而扩大收益，减少损失呢？

下面就以 2019 年 3 月 14 日（T 日）开放申购的苏银转债（110053）来学习一下。

根据苏银转债的发行公告书，苏银转债的转股价是 7.9 元。在 3 月 13 日（T–1 日），也就是开放申购的前一日，苏银转债的正股江苏银行（600919）的收盘价是 7.27 元。

拿到转股价以及正股价这两个关键的数字之后，就可以开始填表了。

表 2–2　苏银转债（110053）打新筛选表 1

模拟行情	涨跌幅度	出现概率
极度乐观	20%	5%
一般乐观	10%	10%
较为乐观	5%	20%
正常	0	30%
较为悲观	-5%	20%
一般悲观	-10%	10%
极度悲观	-20%	5%

表格中的 3 列，分别是模拟行情、涨跌幅度及出现概率。

这 3 列合起来，就是对未来行情的预测。准确来说，是对可转债从申购日到上市日之间大约 1 个月的行情预测。

因为投资者是无法准确预测涨跌的，所以你能看到，书中给出的各种涨幅、概率都是对称且均匀的。

实际上，概率分布可以根据市场实际行情走势进行调整。例如在牛市的时候，上涨的概率会大一些；熊市的时候，下跌的概率会大一些。

表 2–3　苏银转债（110053）打新筛选表 2

模拟行情	涨跌幅度	出现概率	正股价	转股价
极度乐观	20%	5%	8.7	7.9
一般乐观	10%	10%	8.0	7.9
较为乐观	5%	20%	7.6	7.9
正常	0	30%	7.27	7.9
较为悲观	-5%	20%	6.9	7.9
一般悲观	-10%	10%	6.5	7.9
极度悲观	-20%	5%	5.8	7.9

接下来，表格中出现了“正股价”这一列。

在“正常”这一行中，填入的就是申购日前一日的正股收盘价，其他情况下的正股价，就是按照正股价 ×（1+ 涨跌幅度）进行计算的。比如在“较为乐观”这种情况下，预测正股会上涨 5%，所以这种情况最终的正股价格就是 7.27×（1+5%）=7.6 元。

下一列是转股价，因为转股价在可转债打新期间是不会变化的，所以填入 7.9 元就可以了。

表 2–4　苏银转债（110053）打新筛选表 3

模拟行情	涨跌幅度	出现概率	正股价	转股价	转股价值
极度乐观	20%	5%	8.7	7.9	110.1
一般乐观	10%	10%	8.0	7.9	101.3
较为乐观	5%	20%	7.6	7.9	96.2
正常	0	30%	7.27	7.9	92.0
较为悲观	-5%	20%	6.9	7.9	87.3
一般悲观	-10%	10%	6.5	7.9	82.3
极度悲观	-20%	5%	5.8	7.9	73.4

之后表格中新出现了转股价值这一列。

转股价值 = 每张可转债可转股的数量 × 正股价

=（可转债的面值 ÷ 转股价）× 正股价

在“较为乐观”这种情况下，转股价值 =（100÷7.9）×7.6 = 96.2 元。

表 2–5　苏银转债（110053）打新筛选表 4

模拟行情	涨跌幅度	出现概率	正股价	转股价	转股价值	转债价格
极度乐观	20%	5%	8.7	7.9	110.1	127.7
一般乐观	10%	10%	8.0	7.9	101.3	117.5
较为乐观	5%	20%	7.6	7.9	96.2	111.6
正常	0	30%	7.27	7.9	92.0	106.7
较为悲观	-5%	20%	6.9	7.9	87.3	101.3
一般悲观	-10%	10%	6.5	7.9	82.3	95.5
极度悲观	-20%	5%	5.8	7.9	73.4	85.1

接下来，表格又新增了 1 列——转债价格。

转债价格 = 转股价值 ×（1+ 转股溢价率）

一般来说，资本市场上标的物的价格和价值总是不相等的。对于可转债来说也是如此。

转股溢价率，反映的就是价格比价值高估的程度。

目前市场上的可转债溢价率，大约在 –10%～20% 之间。不同行业、不同信用评级以及不同基本面的可转债，溢价率存在差异，甚至宏观市场环境、大股东认购比例等因素也会影响到溢价率的估算。

假如你想确认这个具体的数字，需要更多地结合历史数据来进行分析。

对于苏银转债来说，因为正股江苏银行属于银行业，在地方性银行中发展也不错，而且苏银转债本身是一个 AAA 级转债，因此在计算过程中给予了 16% 的转股溢价率。

在“较为乐观”这种情况下，预计苏银转债的上市价格是 96.2×（1+16%）= 111.6 元。

将每一行的数据计算出来，就会得到表 2–6。

这里的预期收益，就是转债价格－申购成本，也就是转债价格－100元（也就是可转债打新每1张的成本）。

表2–6　苏银转债（110053）打新筛选表5

模拟行情	涨跌幅度	出现概率	正股价	转股价	转股价值	转债价格	预期收益
极度乐观	20%	5%	8.7	7.9	110.1	127.7	27.7
一般乐观	10%	10%	8.0	7.9	101.3	117.5	17.5
较为乐观	5%	20%	7.6	7.9	96.2	111.6	11.6
正常	0	30%	7.27	7.9	92.0	106.7	6.7
较为悲观	-5%	20%	6.9	7.9	87.3	101.3	1.3
一般悲观	-10%	10%	6.5	7.9	82.3	95.5	-4.5
极度悲观	-20%	5%	5.8	7.9	73.4	85.1	-14.9

从表2–6中不难看出，当转债价格低于100元的时候，就可以认为可转债会破发，造成打新亏损。那么只需要将“预期收益”这一栏中负数行的概率加起来，就可以知道申购这只可转债的亏损概率是多少。

表2–7　苏银转债（110053）打新筛选表6

模拟行情	涨跌幅度	出现概率	正股价	转股价	转股价值	转债价格	预期收益
极度乐观	20%	5%	8.7	7.9	110.1	127.7	27.7
一般乐观	10%	10%	8.0	7.9	101.3	117.5	17.5
较为乐观	5%	20%	7.6	7.9	96.2	111.6	11.6
正常	0	30%	7.27	7.9	92.0	106.7	6.7
较为悲观	-5%	20%	6.9	7.9	87.3	101.3	1.3
一般悲观	-10%	10%	6.5	7.9	82.3	95.5	-4.5
极度悲观	-20%	5%	5.8	7.9	73.4	85.1	-14.9

也就是说，当出现表2–7中标记部分的情况时，申购苏银转债就会产生亏损。亏损的概率是多少呢？用“一般悲观”的10%加上“极度悲观”的5%，就是15%的概率。也就是说，在这个预测模型中，苏银转债亏损的概率不高于15%。

最后，可能也是你最关心的预期收益部分，也就是中签1手可转债究竟可以赚多少钱。

这里可以使用期望来进行计算。

期望的公式是：

$E = A_1 \times P_1 + A_2 \times P_2 + \cdots\cdots + A_n \times P_n$

其中，P 是概率，A 为结果。

把苏银转债的数据代入公式：

预期收益 =（27.7×5%+17.5×10%+11.6×20%+6.7×30%+1.3×20%−4.5×10%−14.9×5%）×10

= 65.3

也就是说，每中 1 手苏银转债（成本 1000 元），预期单签收益是 65.3 元。

完整的可转债打新筛选表格，就是表 2–8 这样的。

表 2–8　苏银转债（110053）打新筛选表 7

模拟行情	涨跌幅度	出现概率	正股价	转股价	转股价值	转债价格	预期收益	预期单签收益
极度乐观	20%	5%	8.7	7.9	110.1	127.7	27.7	65.3
一般乐观	10%	10%	8.0	7.9	101.3	117.5	17.5	
较为乐观	5%	20%	7.6	7.9	96.2	111.6	11.6	
正常	0	30%	7.27	7.9	92.0	106.7	6.7	
较为悲观	-5%	20%	6.9	7.9	87.3	101.3	1.3	
一般悲观	-10%	10%	6.5	7.9	82.3	95.5	-4.5	
极度悲观	-20%	5%	5.8	7.9	73.4	85.1	-14.9	

根据亏损概率，将可转债打新申购分成 4 个推荐等级。

亏损概率在 10% 以下的，为“建议积极申购”；

亏损概率在 10%～25% 之间的，为“建议申购”；

亏损概率在 25%～35% 之间的，为“建议谨慎申购”；

亏损概率在 35% 以上的，为“建议放弃申购”。

预期收益作为一个加分项或者减分项，来对推荐等级做微调。

例如，一只可转债，根据表格计算，它的亏损概率刚好在 35%，但是预期收益比较高，那么它依旧可以列入“建议谨慎申购”；另外一只可转债，它的亏损概率虽然只有 35%，但是预期收益很低，那么它也可能会被列为“建议放弃申购”。

投资者需要根据市场情况、可转债的具体情况，更加灵活地进行筛选。

小测验

根据发行公告书，某可转债的转股价是 4.9 元，正股收盘价格是 5 元，目前所处行业的可转债溢价率大约为 10%。

请通过打新筛选表格计算一下，看看这只可转债是否值得申购，预期亏损概率和预期单签收益分别是多少？

模拟行情	涨跌幅度	出现概率	正股价	转股价	转股价值	转债价格	预期收益	预期单签收益
极度乐观	20%	5%						
一般乐观	10%	10%						
较为乐观	5%	20%						
正常	0	30%						
较为悲观	-5%	20%						
一般悲观	-10%	10%						
极度悲观	-20%	5%						

（答案：该可转债预期亏损概率为 5%，预期单签收益 122 元，建议申购）

六、可转债打新配售

大家已经知道，可转债并不是单独存在的，在它的背后，一定存在着一只正股。

可转债配售，就是在可转债打新中专门为正股持有者准备的——配售就是指正股持有人可以根据所持有正股的股份数量，申请配置一定数量的可转债。

因为可转债本质上是上市公司利用股权进行的融资活动，为了保护中小股东的权益，配售这项活动才应运而生。

以 2019 年 8 月 16 日（T 日）开放申购的欧派转债（113543）为例。

对于欧派家居（603833）的持有者，交易所根据 8 月 15 日（T–1 日）的正股持有情况按比例进行配售。也就说，如果你在 8 月 15 日收盘前持有欧派家居的股票，那么当晚你的持仓里就会出现代码为 753833 的欧派配债。

1、向在股权登记日（2019 年 8 月 15 日，T-1 日）收市后登记在册的原 A 股股东实行优先配售。其中：

（1）原无限售条件股东的优先认购通过上交所交易系统进行，配售简称为“欧派配债”，配售代码为“753833”；

图 2–9　欧派转债（113543）发行公告

接着，在 8 月 16 日（T 日），在券商交易软件中选择卖出，输入代码 753833，缴纳配售金额。

一个完整的配售流程就完成了。

原股东除可参加优先配售外，还可参加优先配售后余额的申购。**原股东参与网上优先配售的部分，应当在 T 日申购时缴付足额资金。原股东参与网上优先配售后余额的网上申购时无需缴付申购资金。**

图 2-10　欧派转债（113543）发行公告

明白了什么是配售，那么你手里持有的正股究竟可以配售多少可转债呢？别着急，这一切也在发行公告里写明了，下面来教你怎么看，怎么算。

4、原股东可优先配售的欧派转债数量为其在股权登记日（2019 年 8 月 15 日，T-1 日）收市后登记在册的持有欧派家居的股份数量按每股配售 3.557 元面值可转债的比例计算可配售可转债金额，再按 1,000 元/手的比例转换为手数，每 1 手（10 张）为一个申购单位。原股东可根据自身情况自行决定实际认购的可转债数量。原无限售条件股东的优先认购通过上交所交易系统进行，配售简称为“欧派配债”，配售代码为“753833”。原无限售条件股东优先配售不足 1 手的部分按照精确算法（参见释义）原则取整。原有限售条件股东的优先认购通过网下认购的方式，在主承销商国泰君安处进行。

原股东除可参加优先配售外，还可参加优先配售后余额的申购。**原股东参与网上优先配售的部分，应当在 T 日申购时缴付足额资金。原股东参与网上优先配售后余额的网上申购时无需缴付申购资金。**

图 2-11　欧派转债（113543）发行公告

从欧派转债的发行公告里可以看到，每股欧派家居（603833）可以配售 3.557 元面值的可转债，再按照每手 1000 元的比例转换为手数。

要想知道你需要多少股欧派家居才能够配售 1 手的可转债，只需要用 1000 除以 3.557，再向上按照 100 的倍数取整即可（因为我国 A 股股票最小交易单位是 100 股）。

因为 1000 ÷ 3.557 ≈ 281，就是说需要 300 股欧派家居（向上按照 100 的倍数取整）才可以配售 1 手可转债。

但是这里有一个需要特别注意的地方，上交所当配售不足 1 手和深交所当配售不足 1 张的时候，各自有着各自的规则。

上交所采用的是“精确算法”。

那么，这个“精确算法”是什么样的呢？

精确算法：	**指原无限售条件股东网上优先配售转债可认购数量不足 1 手的部分按照精确算法原则取整，即先按照配售比例和每个账户股数计算出可认购数量的整数部分，对于计算出不足 1 手的部分（尾数保留三位小数），将所有账户按照尾数从大到小的顺序进位（尾数相同则随机排序），直至每个账户获得的可认购转债加总与原股东可配售总量一致**

图 2-12　欧派转债（113543）发行公告

读起来可能很难理解，打个比方，还是用欧派转债来说，如果你持有 200 股欧派家居，那么可以逆向计算得到能够配售到的可转债大约是 $200 \times 3.557 \div 1000 = 0.711$ 手，根据上海证券交易所“精准算法”的规则，你就像是拿到了一个名叫“711”（三位尾数）的号码牌，和别人一起排队。

号码牌是“9××”和“8××”的都会排在你的前面，他们可以优先获得补齐 1 手可转债的机会。等到你前面的所有人都成功补齐 1 手了，并且欧派转债分配给股东配售的份额还有剩余，那么就轮到你啦。等到所有“7××”号码牌的人都领完了，就是“6××”“5××”……以此类推。

那么，大概号码牌在多少之前大概率能够补齐 1 手可转债呢？其实补齐的机会就是从号码牌是“0××”和“1××”手里抢来的，所以最后，所谓的“精确算法”就会非常类似“四舍五入”。

如果你只有 100 股欧派家居，$100 \times 3.557 \div 1000 = 0.356$ 手，这种想要配售上是没戏的，四舍五入也要讲基本法呀。

那么，深交所采用的算法又是怎么样的呢？

原股东的优先配售通过深交所交易系统进行，配售代码为“082203”，配售简称为“海亮配债”。原股东网上优先配售可转债认购数量不足1张部分按照中国结算深圳分公司配股业务指引执行，即所产生的不足1张的优先认购数量，按数量大小排序，数量小的进位给数量大的参与优先认购的原股东，以达到最小记账单位1张，循环进行直至全部配完。

图 2-13　海亮转债（128081）发行公告

深交所这边没有像上交所那么精致，深交所的算法虽然没有名字，但是规则读起来简单易懂多了，就是按照小数部分从大到小排序，然后数量小的贡献出自己的份额给数量大的。

简单易懂，简洁明了。

本质上和上交所的“精确算法”是一样的，都是类似“四舍五入”的规则。

不过需要特别注意的是，由于深交所采用的是按张来计数的算法，因此配债的最小单位变成了张而不是手（1手=10张）。

上交所关于配售不足1手及深交所配售不足1张的处理方案，对抢权配售这个套利操作来说有着重大的意义。关于抢权配售的实操部分，后文会详细演示。

对于正股持有者来说，建议你一定要参与可转债的配售。

假如未来正股持续上涨，可转债的收益和正股的收益可以达到“一鱼两吃”的完美效果；假如未来正股持续下跌，由于可转债的债性保底，能够一定程度上抚平正股下跌带来的亏损。

小测验

根据发行公告书，某沪市转债将按照每股配售1.37元面值可转债的比例计算配售金额，并且按照1000元/手的比例转换为手数。请问，要想100%成功地配售1手转债，需要拥有的正股股数是（　　）？

A. 729　　B. 730　　C. 800　　D. 700

（答案　C）

七、可转债打新“问与答”

截至目前，可转债打新的所有信息，都在这副鱼骨图里了（图 2–14）。

你可以从鱼尾巴开始，顺着鱼骨一起回忆一下每个节点的内容。假如某个地方让你卡顿住了，再回头去看一眼，争取现在就把问题消化和解决掉。

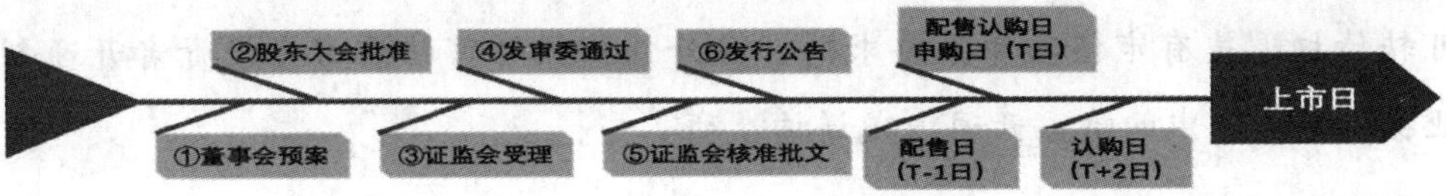

图 2–14　可转债发行流程图

可转债打新虽然理解起来很简单，但是流程和环节比较多，涉及的操作对初次接触的人来说比较繁琐，因此，下面将可转债打新的“问与答”进行了整理，单独成节，希望能够对大家有所帮助。

问：打新好麻烦啊，券商可以一键帮我搞定吗？

答：投资最怕懒，因为懒人一般都是赚不到钱的。当然，可转债打新这种流程化的东西，目前部分券商的确提供了一键申购功能，例如华泰证券，每天早上打开券商 APP 点击一下一键申购就可以了。不过目前没有任何一家券商提供一键认购及一键卖出服务，所以这些最基本的操作还得自己来。

问：我申购的时候选了1000手可转债，每手1000元，我会不会中100万元呀？没有100万元缴款会不会算我违约啊？

答：可转债是个香饽饽，很多人抢着申购的，虽然你幻想自己能中100万元，但几乎是不可能的。根据过往的历史，即使在行情极度低迷，并且可转债本身质地也极度糟糕的情况下，最高的中签记录也是单账户30手左右，也就是3万元。最近的可转债，中签率都在单账户平均0.5手以下，也就是至少需要2个账户才可能中1手，也就是1000元。你还幻想会中100万元吗？

问：申购可转债需不需要像股票打新一样，要求我账户里有股票啊？

答：申购可转债并不需要有市值。但是请注意，在2022年6月之后开通可转债权限是有市值和年限要求的。另外创业板的可转债需要投资者开通创业板权限才能申购哦，开通方式详询券商。

问：可转债打新会不会亏钱呀？

答：这个问题笔者可说了不算，你可以看看前文中的单账户实盘记录，相信你会有自己的答案。

问：在认购日忘记缴款了，第二天补缴可以吗？

答：吃完饭忘记付钱就跑了，第二天良心发现回头去馆子里交钱，你猜老板会怎么对待你？

问：上市当日怎么卖出呢？是开盘卖出还是收盘卖出？

答：上市之后，可转债就变成了一只可以自由交易的品种。如果有人能够教你将可转债“卖在最高点”，那么他来玩可转债真是屈才了。可以开盘就出，这样省心省力。当然，如果遇上远低于预测价位的价格，也会参与低价博弈。

问：认购的钱可以是账户里的什么钱呢？逆回购的钱可以吗？

答：认购的钱需要是账户里可用的钱。如果把钱拿去逆回购了，这笔钱就被占用了，当然无法认购可转债。

问：申购时间是多久呢？下午 4 点之后还可以申购吗？

答：高考开考晚到 1 小时还让进门吗？请在股市开市时间进行申购、认购、卖出等工作（工作日上午 9:30–11:30，下午 1:00–3:00）。部分券商允许提前和延后进行操作，具体规定以券商为准。

问：可转债打新的中签率是如何估算的？

答：假如 A 转债预计发行 10 亿元，并且大股东承诺会认购 50%（一般大股东都不会这样说），那就是剩下的 5 亿元由网上申购的散户瓜分。根据打新申购人数（比如 30 万人）进行估算，5 亿元 ÷30 万人 =1666 元 / 人，也就是平均单账户中签 1.67 手。

问：网下打新是怎么回事？

答：假如持有机构户或者公司户，在券商处缴纳 50 万元保证金并且通过资质验证，就可以参与网下打新。注意，网下打新一旦出现不足额认购的情况，50 万元保证金立刻充当罚款被扣除。最重要的是，并非每只可转债都有网下打新环节。

问：创业板权限开通必须到柜台吗？居住的城市没有线下营业厅怎么办？

答：创业板权限并不一定需要线下临柜开通，具体情况详询券商。每个人可以在 3 家券商开户，建议选择本地有营业厅的券商。如果你目前使用的券商在本地没有营业厅，建议换一家咯。

问：怎么知道自己的可转债有没有中签呢？

答：最简（lan）单（duo）的方法当然是等 T+2 日券商通知你啦。当然，如果你是个急性子，想要早一点知道，那么一般来说 T+1 日晚间可转债发行公司就会公布中签号码。兑奖过程很简单，基本和彩票一个道理——比如你分配到的号码是 300–1300 号（必然是 1000 个号码连号），假如公司公布的中签号码尾数是 0375，那么恭喜你中签了；假如公司公布的中签号码尾数是 1375，那你就没中签。

问："集合竞价卖出"是什么意思？为什么有人能够在 9:30 之前挂单？

答：所谓集合竞价时间，就是在 9:30 开盘前的 15 分钟，也就是交易日的 9:15–9:30 之间。在这个时间内，按照价格优先、时间优先的原则，对所有挂单委托进行撮合，9:25 之前能够撮合成功的就会直接成交，9:25 还未成交的，就会进入 9:30 之后的连续竞价阶段（但是优先级更高）。一般来说，集合竞价普通玩家是用不上的。

问：可转债配售到份额之后，必须手动认购缴款吗？如果留够钱在账户上，券商会自动帮我搞定吗？

答：你是希望会有天使来帮你吗？配售必须手动操作，点击卖出，输入配售代码，交钱认购。一定不要忘记了。

问：可转债配售好麻烦呀，要根据持有的正股股数估算配售的数量，还要提前配售认购交钱，我能只参与打新不参与配售吗？

答：吃饭和睡觉干嘛一定二选一呢？对于赚钱的事情来说，当然是全都要啊。

问：我今天刚刚在网上开户了，能立刻进行可转债打新吗？

答：对于在 2022 年 6 月前开户并且开通了可转债交易权限的人来说，在 T 日开户之后，T+1 日才能进行交易，所以打新也要再等 1 个交易日哦。对于在 2022 年 6 月后开户的人来说，需要满足：①申请权限开通前 20 个交易日证券账户及资金账户内的资产日均不低于人民币 10 万元（不包括该投资者通过融资融券融入的资金和证券）；②参与证券交易 24 个月以上，才能开通可转债交易权限，然后才可以进行可转债打新。

问：打新的时候，为什么深市的数量是 10000，而沪市的数量是 1000 呢？

答：因为沪深两市用的单位不同，沪市用的是手，深市用的是张，1 手 =10 张。

问：可转债打新的中签率是如何查看的呢？

答：一般来说，当你在 T 日申购可转债之后，T 日晚间上市公司就会发布网上发行中签率的公告，在公告中找到图 2-15 里的内容。

三、社会公众投资者网上申购结果及发行中签率

本次发行最终确定的网上向社会公众投资者发行的先导转债总计为 **336,798,000** 元（**3,367,980** 张），占本次发行总量的 **33.68%**，网上中签率为 **0.0348628059%**。

图 2-15　先导转债（123036）网上发行中签率的公告

可以看到，先导转债的网上中签率是 0.0348628059%。因为顶格申购是每人 1000 手，因此每个人单账户平均中签数量就是 0.0348628059%×1000=0.34 手。从概率上来讲，申购 1÷0.34 ≈ 3 户才能中 1 户。

第三章

低风险年化收益率 30% 的可转债组合——强赎制霸

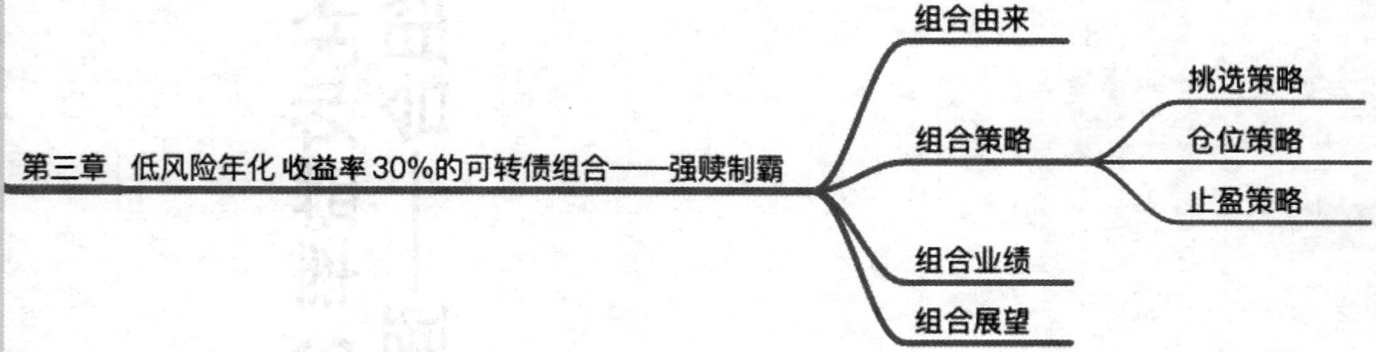
第三章　低风险年化收益率30%的可转债组合——强赎制霸
组合由来
组合策略
挑选策略
仓位策略
止盈策略
组合业绩
组合展望

一、组合由来

学完了可转债打新，普通人能够参与的最简单的玩法就已经学会了。

当然，大家并不会就此满足——可转债打新的收益率虽然很高，但是单账户的收益毕竟是有限的。

本章为大家介绍一个简单易操作的可转债玩法——可转债组合，并且以建立组合的思考、策略制定的始末以及实盘数据来做展示。

古罗马著名哲学家爱比克泰德有句名言："在生活中，一些事情是我们能控制的，一些事情是我们不能控制的。所以我们需要一种理性的能力，让我们既能思考自我，又能思考万事万物。"

芒格和巴菲特这两位投资大师也告诉我们，投资成功最重要的是"能力圈原则"——在投资这个事情上，明白自己的能力圈在哪里是最重要的。更重要的是，能够在各种利益的诱惑下，守住自己的能力圈。

市场里的大部分人，总是不满足年化收益率 20% 这样的收益，总是希望通过低吸高抛大赚一笔。

市场里的大部分人，都不希望用 30 年、40 年甚至 50 年的时间来实现财务自由，总希望一夜暴富。

这种贪婪，这种对自己能力的高估，是绝大多数人在通向财务自由道路上的重要障碍。

投资者需要对自己的能力圈有清醒的认识，要明白自己有没有能力高抛低吸，有没有能力获取短期内市价波动的利润。

本章构建的这个组合，操作频次极低，即使在行情最红火的月份，月内调仓次数也只是两三次。

这个组合无需每日盯盘，可以白天上班，晚上复盘。

这个组合没有复杂的技术指标，该买还是该卖，一眼就能看得出。

最后，也是最重要的，这个组合能够在除去疯牛阶段的时间里都跑赢大盘。

听了以上这些要点，如果你觉得这种组合投资也适合你，那就一起学习吧。

二、组合策略

可转债的历史统计数据告诉我们：90% 的可转债都会迎来强赎结局。

也就是说，只要在低价格（价格越低越好）的时候买入可转债，安心拿着等待强赎到来（一般来说为 130 元以上）即可。

按照历史数据测算，这样的组合策略年化收益率大约在 20%～30% 之间。

基于此，“强赎制霸”组合就诞生了。“强赎制霸”的意思是“只要等到强赎，就可以制霸天下”。

“强赎制霸”的策略是这样的：

①熊市底部阶段：按照价格优先原则，到期收益率优先买入；

熊牛转换阶段：按照价格优先原则，转股溢价率优先买入；

②不做任何精研，无脑摊大饼，分梯度加仓；

③强赎才卖，分批止盈。

嗯，就是这 3 句，没了。

是不是觉得有点少？

其实不少哦，构建一个组合，有这 3 句话已经足够了。

接下来将从挑选策略、仓位策略、止盈策略这 3 个方面详细介绍“强赎制霸”组合原理。

1. 挑选策略

“强赎制霸”策略①，其实讲的就是在组合中挑选可转债的策略。

首先大家会注意到，熊市底部阶段和熊牛转换阶段，“强赎制霸”的挑选依据是不一样的——在熊市底部，是按照价格和到期收益率来挑选的；在熊牛转换阶段，是按照价格和转股溢价率来挑选的。

为什么在不同时期会有不同的挑选策略呢？因为在不同的时期，我们在意的产品属性会大不相同。

在熊市底部阶段，选用可转债价格和到期收益率来作为筛选指标——价格永远是可转债的第一要素，而在熊市底部极度悲观的情绪下，可转债的债券属性是被高度重视的，到期收益率作为最硬的债券属性指标，保证了可转债的收益安全。

也就是说，在熊市底部阶段，谁价格低就买谁。在同样低价格的可转债里，谁的到期收益率更高就买谁。

一般来说，可转债的数据网站都会提供单维度的数据排序功能。但是如果按照双维度来筛选数据，可能就不太方便了。

这里特别推荐一下宁稳网的散点图这个分析工具，可以直接以转债价格和到期收益率作为双维度来绘制图形，能够一眼看出谁的价格更低且谁的到期收益率更高。

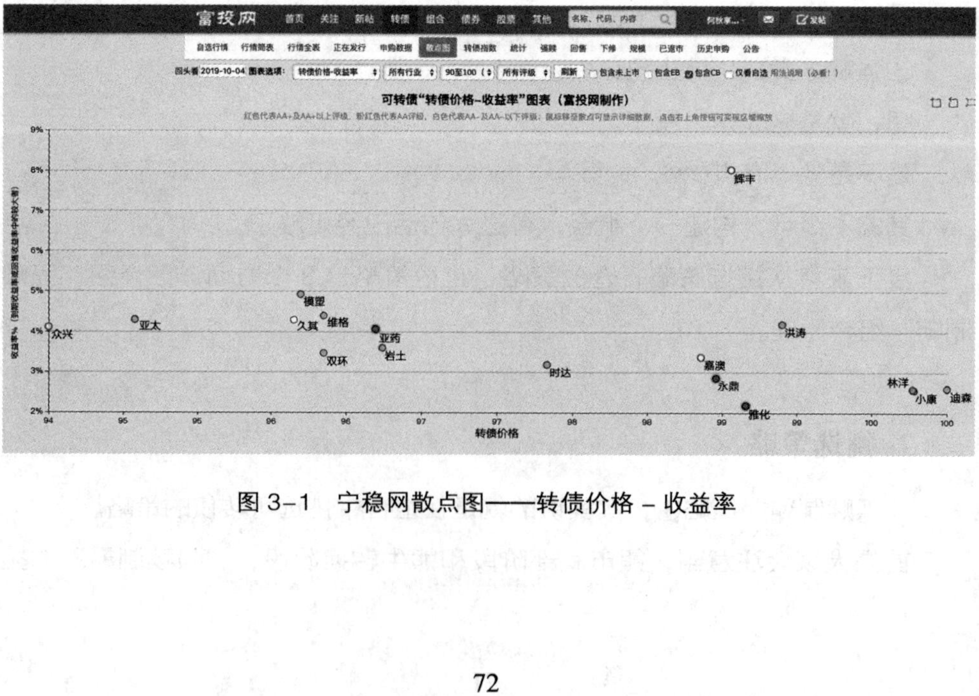

图 3-1　宁稳网散点图——转债价格 - 收益率

因为转债价格是越低越好，因此代表转债价格的横坐标是越小越好；因为到期收益率是越高越好，因此代表到期收益率的纵坐标是越大越好。对应到图 3–1 中，也就是越靠近左边越好，越靠上越好。有了这样的挑选原则，从图 3–1 中可以很容易就找到最符合目标的可转债。

比如，你要比较众兴转债（128026）和亚太转债（128023）的优劣，通过图 3–1 就会发现，价格更低的众兴转债会更好一些。比如你要比较价格差不多的维格转债（113527）和双环转债（128032），通过图 3–1 就会发现，到期收益率更高的维格转债会更好一些。

在熊牛转换阶段，将可转债价格和转股溢价率作为筛选指标——价格永远是可转债的第一要素，而在熊牛转换阶段，要想让可转债跟随正股上涨，可转债的股票属性就很重要，因此，选择溢价率更低的可转债也就是选中了股票属性更佳的可转债。

也就是说，在熊牛转换阶段，谁价格低就买谁，在价格同样低的可转债里，谁的转股溢价率更低就买谁。

在这一阶段筛选可转债，大家依旧可以使用宁稳网的散点图。

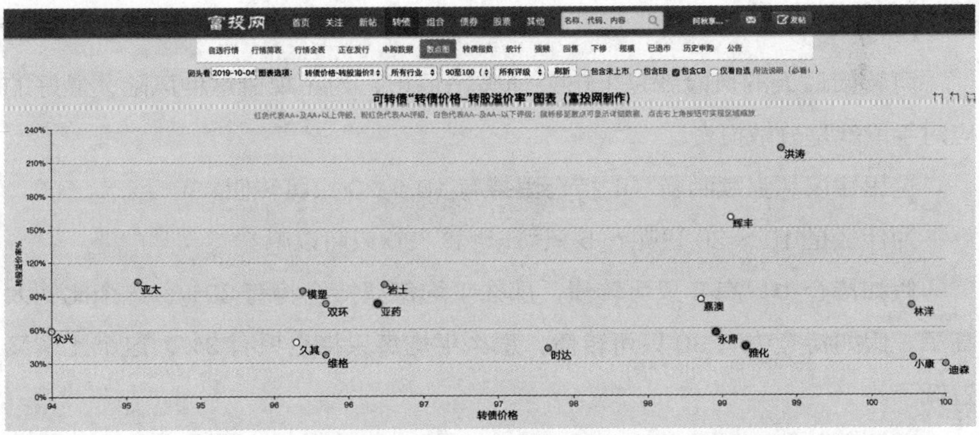

图 3–2　宁稳网散点图——转债价格 – 转股溢价率

因为价格是越低越好，因此代表可转债价格的横坐标是越小越好；因为转股溢价率是越低越好，因此代表转股溢价率的纵坐标是越小越好。对应到

图 3-2 中，也就是越靠近左边越好，越靠下越好。根据上述原则，从图 3-2 中可以很容易找到最符合目标的可转债。

比如，你要比较众兴转债和久其转债的优劣，通过图 3-2 就会发现，价格更低的众兴转债会更好一些；比如，你要比较价格差不多的维格转债和双环转债，通过图 3-2 就会发现，转股溢价率更低的维格转债会更好一些。

你可能还会有一点困惑——这里给出了两种挑选策略，究竟现在市场是处于什么时期，应该选择哪一种标准呢？

关于市场所处牛熊时期判断这一点，你无需多费心，因为这是一件注定只能看后视镜才知道的事情，如果你能精准地分辨市场的牛熊，显然这样的天纵之才无需浪费在投资可转债上。

当市场停留在 2500 点的位置，是真真正正的熊市底部，可以采用“价格优先，到期收益率优先”的标准挑选标的。市场在 3000 点左右时，已经脱离熊市底部，进入熊牛转换阶段了，可以采用“价格优先，溢价率优先”这一标准来挑选标的。

2. 仓位策略

可转债最大的风险就是上市公司破产退市，为了规避这种风险，最好的应对手段就是分散投资。

这里建议“强赎制霸”的持仓里持有 10～20 只可转债。

为什么是 10～20 只呢？ 5 只可以吗？ 30 只可以吗？

假如持仓中只有 5 只可转债，那么平均每只持仓将有 20%，这个比例太高了。假如持仓中有 30 只可转债，那么平均每只持仓只有 3%，这个比例又过低了。

因此在各只可转债的仓位分配上，建议采用“摊大饼”的方式——也就是最初建仓买入的时候平均分配仓位。

比如建仓的时候将本金分成大约 20 份，每一份是 5%，然后选取 12 只可转债，每只买入 1 份，这样 60% 的仓位就花掉了。

代码	名称	买入时间	到期时间	成本价
128023	亚太转债	2018/6/12	2023/12/8	89.264
127004	模塑转债	2018/6/12	2023/6/2	89.013
123001	蓝标转债	2018/6/12	2022/12/18	88.973
128013	洪涛转债	2018/6/12	2022/7/29	87.562
127003	海印转债	2018/6/12	2022/6/8	86.944
128012	辉丰转债	2018/6/12	2022/4/21	82.707
128037	岩土转债	2018/6/19	2024/3/5	87.111
128038	利欧转债	2018/6/19	2024/3/22	87.31
128018	时达转债	2018/6/19	2023/11/16	87.69
113502	嘉澳转债	2018/6/19	2023/11/9	88.46
113014	林洋转债	2018/6/19	2023/10/27	89.3
128026	众兴转债	2018/6/20	2023/12/13	86.765

图 3-3　2018 年 6 月 24 日强赎制霸建仓

接着，为了提高收益率，将当前组合中价格更低的可转债按照价格梯度完成加仓。例如建仓买入价格线是 90 元，那么当该可转债跌到 80 元的时候，再买 5% 的仓位，当它跌到 75 元的时候，再买 5% 的仓位……

比如辉丰转债，就是严格按照分梯度加仓的策略，一步步将它的成本做到了 77 元——当辉丰转债跌到 80 元的时候，大家都喊辉丰危险了，完成一次加仓；当辉丰转债跌到 75 元的时候，大家都说这已经创了可转债的历史最低价，辉丰转债完蛋了，又完成了一次加仓；当辉丰转债跌到 71 元的时候，市场里基本都认为辉丰确定要破产了，又完成了一次加仓。

既然最初制定的策略里无需考虑“消息面”这个指标，那就不要去关注，盯好自己的策略，好好执行它就可以了。

按照这样的仓位策略，“强赎制霸”整体仓位会维持在 90%～100% 之间，也就是始终会留有 1～2 只新债可以上车的机会。

分梯度加仓策略，是为了提高收益率而做的权重配置。大家也可以选择更加无脑的方式，假如你想买入 10 只可转债，就把总资金分成 10 份，每次买入 10% 就可以了。

3. 止盈策略

在最初的策略思考里已经讲到，“强赎才卖”是止盈策略的总方针。

我们也很清楚，大部分可转债强赎的底线是 130 元，因此对价格尚未达到 130 元的可转债就不再做任何关注和思考——因为它们都不应该止盈。

当达到 130 元之后，是不是立刻就把可转债全部卖出呢？对于普通投资者来说是的，130 元卖出，开开心心没烦恼。

对组合收益有更高期待的人来说，有没有更好的止盈方法呢？

下面来观察一下历史数据。

通过观察大量已退市的可转债数据，大家会发现，大部分可转债在最终强赎退市之前，都至少会有一个冲高的过程。冲高的次数虽然不多，但每一次冲高都有可能带来超额收益，然而大部分普通投资者根本没本事把可转债卖在最高点。

这里告诉大家另一种止盈方法——回落止盈法。

先把这种方法的具体操作放在最前面：**达到 130 元的价格之后，在可转债冲高过程中，回撤 10%（或者回落 10 元）即退出。当然，大家也可以根据自己的喜好，把回撤幅度设置成 8% 或 12% 等。**

这种方法有效吗？下面就以几个已经强赎退市的可转债来演示一下。

①第一种类型——上升型。

从图 3-4 中可以看出，三一转债（110032）从触发强赎开始，直到强赎退市期间，一直呈单边上升走势，这种可转债是投资者最喜欢的。

当可转债持有人发现可转债价格突破 130 元之后，只需要安心持有，等到最后 1 个交易日，就会以 186 元的价格成功止盈。由于单边上涨过程中没有明显的振荡和回落，投资者能够非常舒服地赚到足够多的收益。

②第二种类型——振荡型。

以万信转债（123005）为例。从图 3-5 中看到，转债价格突破 130 元之后一路上升，很快来到了 163 元这第一个高峰，之后便出现了一波极速下跌。假如采取回落 10% 止盈的策略，那么当万信转债从 163 元下跌到 146 元的时候，就可以卖出了。

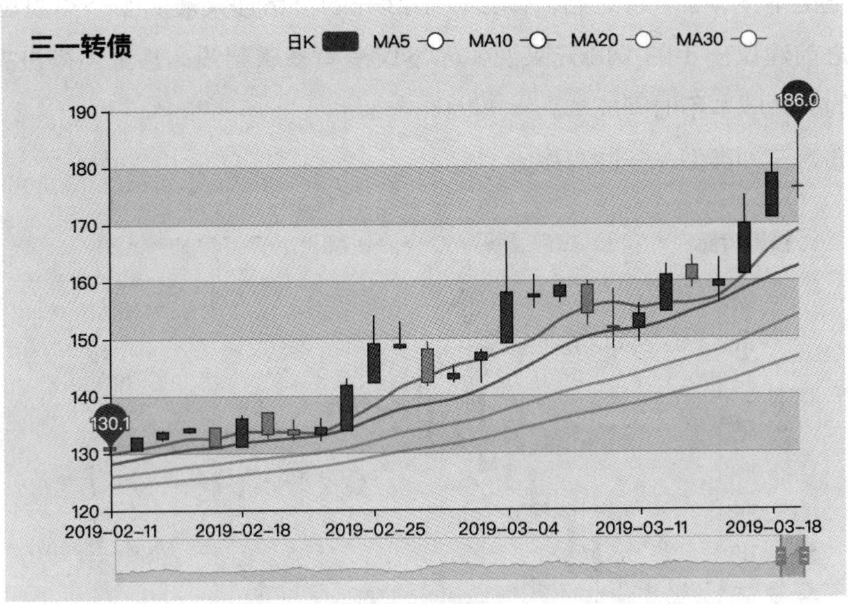

图 3-4　三一转债（110032）日 K 线走势图

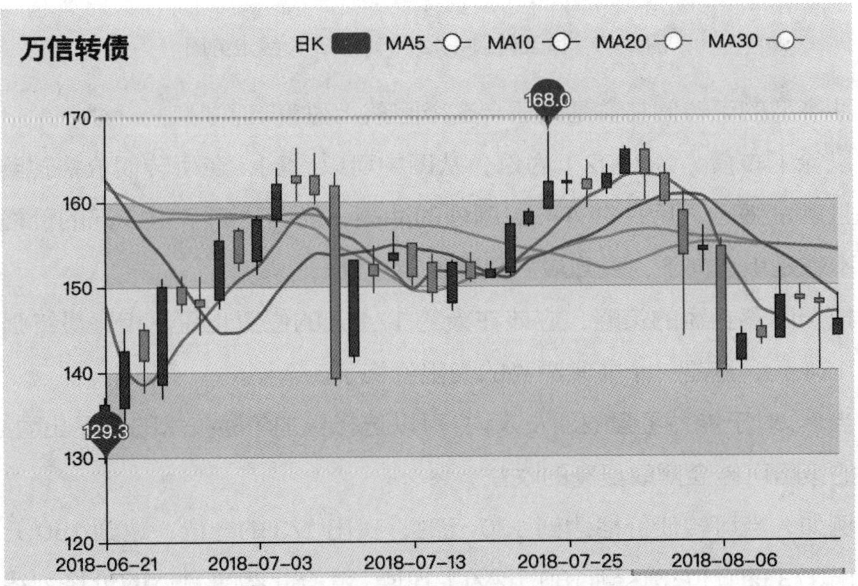

图 3-5　万信转债（123005）日 K 线走势图

假如没有采用这个止盈策略，而是选择一直持有，随着万信转债的价格波动上上下下，1 个月之后，你会以 143 元的价格迎来最后 1 个交易日——相比之前建议出手的 146 元来说，你不仅没有多赚到钱，甚至还搭进去了 1 个月的机会成本和时间成本。

③第三种类型——冲高型。

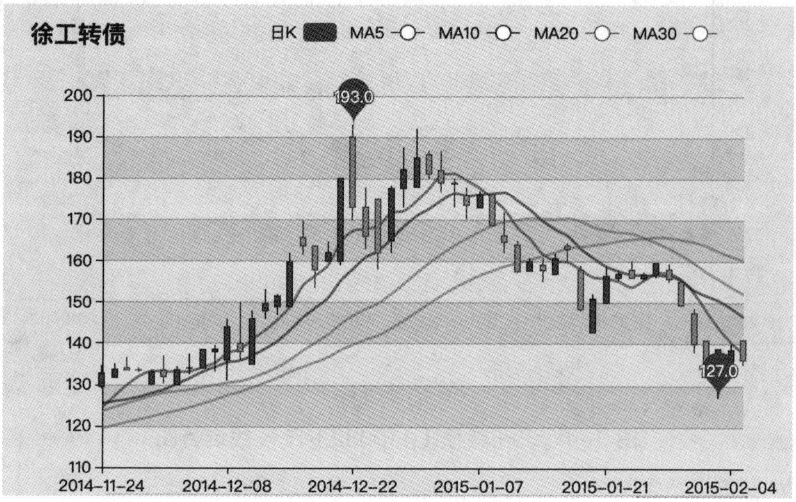

图 3-6 徐工转债（127002）日 K 线走势图

冲高型的可转债其实是最适合这个回落止盈策略了。

以徐工转债（127002）为例，从图中可以看到，在可转债价格达到 130 元并且触发强赎之后，它有一次剧烈的冲高，最高达到了 193 元的价格。之后基本就是单边向下，直到最后强赎退市。

按照回落止盈的策略，应该在大约 174 元的位置止盈。相比最终强赎退市的 124 元，这是一个非常漂亮的卖出价格了。

当然，对于能力更强的朋友来说，可以选择更加考验技术的分批止盈策略，这样的策略可能会博取更高的收益。

例如，当可转债价格达到 130 元时，卖出 1/3 的仓位；达到 150 元时，再卖出 1/3 的仓位；达到 180 元及以上时，清仓止盈（具体的价格划线和仓位比例可以调整）。

以上所有提到的止盈策略，不仅适用于可转债，在其他一些套利操作中也很实用。

三、组合业绩

说了这么多，这个组合的实际表现究竟如何呢？它的业绩和前期付出的所有心力匹配吗？它的操作难度和最初的预期吻合吗？

关于业绩，让我们用实盘数据来说话。

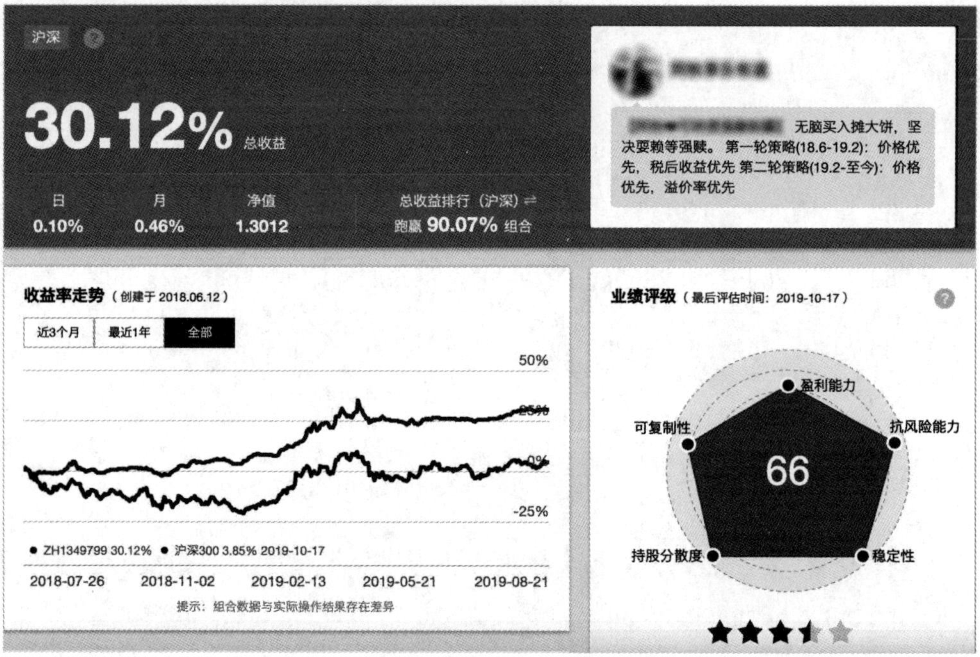

图 3–7　“强赎制霸”实盘数据

图 3–7 中的可转债“强赎制霸”组合创建于 2018 年 7 月 3 日，截至 2019 年 10 月 17 日，该组合的持仓收益率为 30.12%，同期沪深 300 指数上涨幅度为 3.85%，超额收益 26%，跑赢了雪球上 90% 的组合。

从业绩方面来说，该组合算得上优秀了。

在过去的 15 个月中，除去最初的建仓，该组合一共调仓了 31 次，月平均调仓 2 次，满足了预期中低频调仓的要求。

该组合的技术指标就是价格、到期收益率、转股溢价率这几个可转债最基本的属性，没有任何复杂的计算公式和拟合参与，靠宁稳网的散点图就可以完成一图建仓的小白式操作，懒人式投资的目标达到了。

这个组合无需白天盯盘，只需要在每晚复盘时（甚至以周的频次来复盘影响也不大，因为可转债整体波动性都很小），按照策略观察一下数据即可，观察数据的方式和建仓加仓的方式是一样的，就是看图说话。如果有调仓需要，第二日开盘前挂好条件单即可。

躺赢沪深 300 指数，不影响白天工作，大写的完美。

四、组合展望

按照数据来看，“强赎制霸”这个组合已经经受住了熊市底部的考验，在熊牛转换期间也依旧表现出色。

该组合未来会走向何方？还可以继续为这个组合做些什么？

首先，在挑选策略上，目前的策略只针对熊市底部和熊牛转换期间。在未来的疯牛期间，以及在牛市下坡期间，适合用来挑选可转债的依据又是什么呢？还是价格、到期收益率或者转股溢价率这几个指标吗？

虽然已经通过分散转债持仓的方式对“强赎制霸”做了风险控制，但是仓位策略方面依旧可以做更多精细化的考虑。

比如是否应该更多地考虑行业之间的可转债配比——不仅控制单只可转债的持仓，也控制行业的持仓？

比如是否应该更多地考虑不同信用评级之间的可转债配比，让整个转债组合的系统性风险进一步降低？

另外，关于止盈策略方面，市场里还存在很多前辈总结出来的更加有建设性的止盈策略，能够最大限度抵御人性的贪婪，保证收益落袋。

第四章

无限抄底的可转债套利

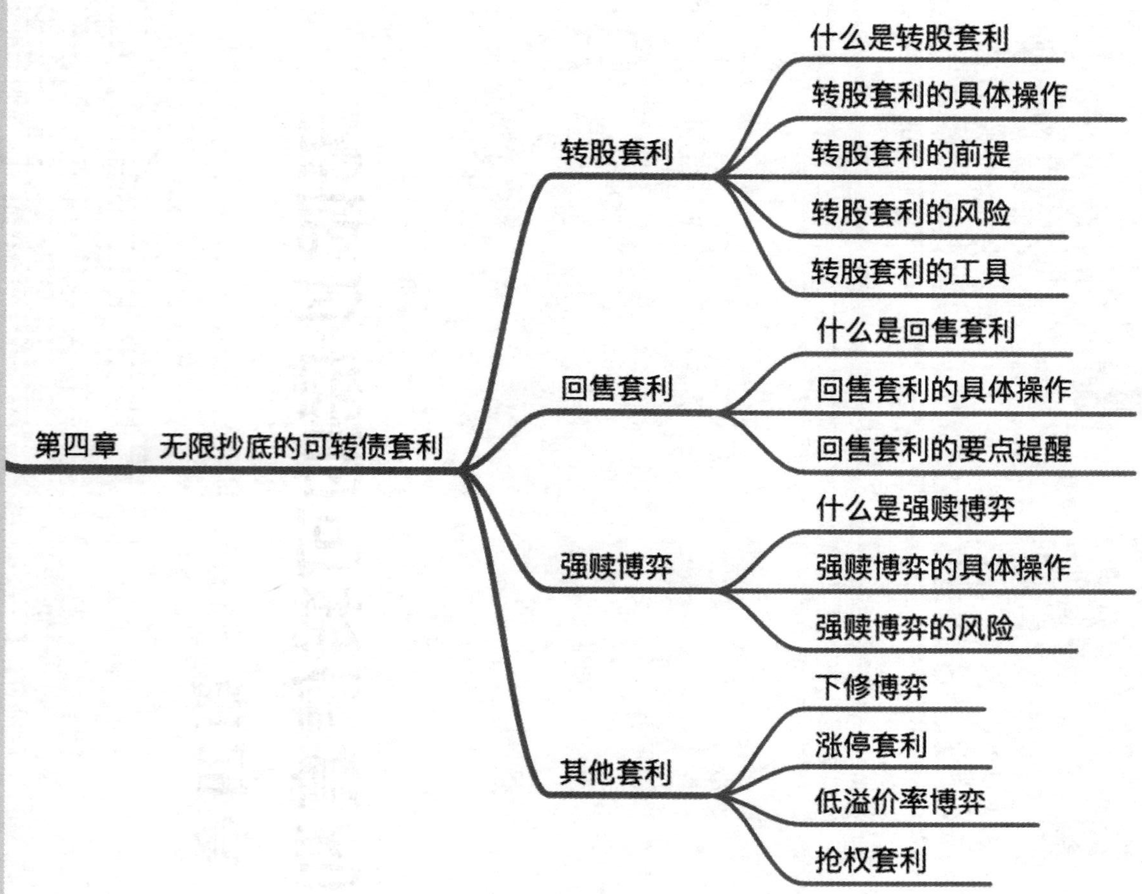
第四章　无限抄底的可转债套利
转股套利
什么是转股套利
转股套利的具体操作
转股套利的前提
转股套利的风险
转股套利的工具
回售套利
什么是回售套利
回售套利的具体操作
回售套利的要点提醒
强赎博弈
什么是强赎博弈
强赎博弈的具体操作
强赎博弈的风险
其他套利
下修博弈
涨停套利
低溢价率博弈
抢权套利

学习完可转债打新、可转债组合投资后，第四章将带大家一起向更加高级的可转债操作进发。

随着可转债市场规模不断扩大，越来越多的投资者接触和了解到了可转债——这其中极速增加的，就是过去的股票投资者。

大家可以回忆一下可转债的交易特点——手续费极低，T+0 交易，没有涨跌停限制。这样低费率、即时性、高波动的特点，让股票投资者宛如发现了新大陆。

于是各种花式套利方法绽放在了可转债这片土地上。

这一章将过去市场中出现的几乎所有套利操作都整理了出来，从策略思路、具体操作、风险控制等几个方面展开阐述。

不同的套利者对于不同的手段、不同的标的物可能有截然不同的看法，“一千个读者就有一千个哈姆雷特”，这基本就是套利界的现状。本章内容很可能会出现一些别人口中的“错误操作”，希望大家能中性地看待每一种套利手段和工具，发挥自己的长处，选择最擅长的品种和模式去获取收益。

一、转股套利

可转债的转股套利，是可转债套利操作中最重要的一种——转股套利涉及的套利思路和操作，是以可转债最重要的转股这一操作为核心构成的。

1. 什么是转股套利

大家常常说可转债的转股套利，准确来说应该叫“折价转股套利”。

那究竟什么是折价呢？当转股溢价率是负数的时候，就是折价。

还是以苹果园的案例解释一下。

在小红跟小青商定了“转苹果园价”之后，小青发现虽然自己借出去了 100 万元，但是手里这张借条居然有 130 万元的价值。小镇上的人纷纷来收购这张借条，导致借条被炒作到了 140 万元，于是这张借条就有了（140÷130−1）×100%=7.69% 的溢价。

这就是在溢价状态下的故事，也就是借条高估的状态。

那么折价状态下的故事，就是相反的，也就是苹果园高估的状态。

在苹果园过度高估的情况下，如果你还想拥有苹果园，与其直接向小红购买苹果园，不如向小青购买借条，然后拿着借条去找小红兑换成苹果园——这样同样的钱，反而能买到更多的苹果园。

在资本市场里，可转债大部分都是处于溢价状态的（也就是可转债高估的状态），根本无套利的机会。只有可转债发生折价的时候（也就是正股高估的状态），才可以进行转股套利。

2. 转股套利的具体操作

搞明白了什么是转股套利，接下来就以之前发生过折价的东财转债（123006）为例，来讲讲转股套利的具体操作。

2019 年 5 月 10 日，东财转债转债价格 138.588 元，转股价 11.36 元，正股东方财富（300059）价格 16.04 元。

由此可以计算出，假如此刻你买入一张东财转债，并且按照转股价进行转股，可以得到：

东财转债可转股数量 = 东财转债面值 ÷ 转股价格

= 100 ÷ 11.36

= 8.8（股）

现在我们知道了，每 1 张东财转债可以兑换成 8.8 股东方财富股票。这 8.8 股东方财富的成本，你会计算吗？

想一想，这就好像你手里有 1 个苹果，价格是 10 元，市场规定 1 个苹果可以兑换 8.8 个梨子，请问每个梨子的成本是多少？

你一定知道要用 10 ÷ 8.8=1.1 元来计算。

所以东财转债转股后获得的东方财富每股成本是这样的：

转股获得的东方财富每股成本 = 东财转债转债价格 ÷ 东财转债可转股数量

= 138.588 ÷ 8.8

= 15.74（元）

这里的 15.74 元，意味着当你完成转股操作之后，第二天早上开盘，就获得了成本是每股 15.74 元的东方财富股票，而此时东方财富的正股开盘价假如按照昨日的收盘价计算，就是 16.04 元。

折价转股套利的“利”，就出现在这里——你手里有一个 8 元钱买来的苹果，而市场上所有的苹果都卖 10 元，你一定知道用 10 元钱把苹果卖出去，就能赚 2 元。

按照转股溢价率公式来计算的话，此刻转股溢价率就是（15.74−16.04）

÷16.04×100%=−1.87%。也就是说，此刻东财转债存在着 1.87% 的折价（也就是负溢价）。

假如大家能够在此刻买入东财转债，并且在尾盘之前申请转股，那么第二日开盘完成转股之后，就能直接获得比正股便宜 1.87% 的股票。

只要大家开盘后立刻卖出，就能将这 1.87% 的收益落入口袋。

从上面这段讲述中，聪明的你或许已经明白如何转股套利了，用一句话来概括就是：尾盘买入可转债，闭市前完成转股，次日开盘卖出正股。

还是以东财转债为例，来演示一下转股套利的具体操作。

首先在券商页面里输入 123006，买入东财转债。

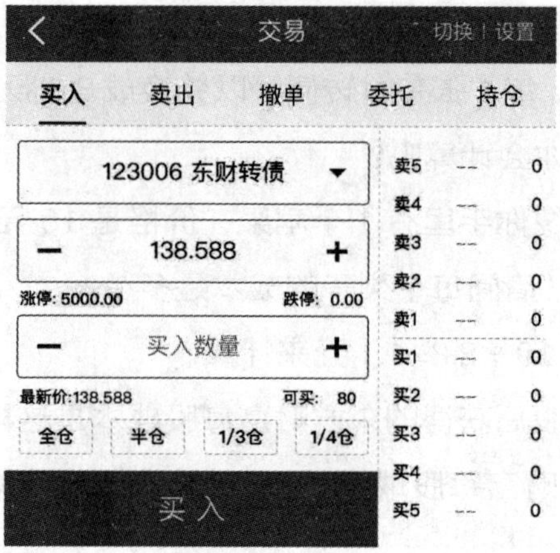

图 4-1　转股套利操作第 1 步：买入转债

在当日闭市之前，在 APP 或者客户端内找到转股页面（部分券商有单独页面，部分券商只能通过代码形式操作，具体转股操作需要咨询客服），进行转股操作。

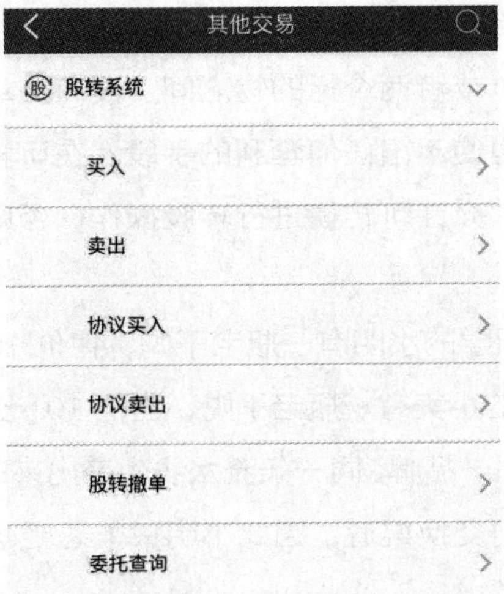

图 4-2　转股套利操作第 2 步：完成转股

次日开盘后，卖出转股获得的东方财富股票，即可完成这次套利。

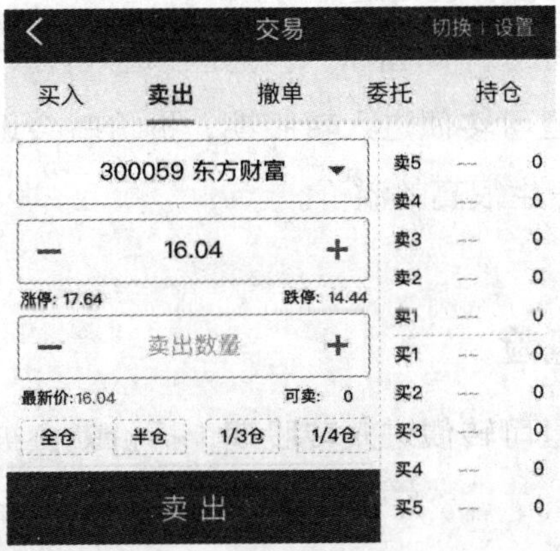

图 4-3　转股套利操作第 3 步：卖出正股

3. 转股套利的前提

可转债的转股套利是一件操作简单、清晰而又明确的事情。

需要注意的是，转股折价套利的前提，就是可转债进入了转股期（一般

来说就是可转债上市半年之后）。

当两个市场之间（或者两个标的物之间）没有流动途径的时候，即使存在再大的价值偏离，也使不出任何套利的手段。在可转债套利中，只有可转债进入转股期之后，才允许可转债进行转股操作，否则，再大的折价就像看得到却吃不到的肥肉。

这就好像在美国留学的小明有一瓶老干妈，售价 10 美元，折合人民币约 70 元。在中国某城市的小美有一瓶老干妈，售价 10 元人民币。

虽然两个人拥有同一品牌、同一条流水线生产出来的品质相同的老干妈，但是由于两人没有任何交换渠道，因此小明只能忍受吃同样的老干妈却要付出高于小美 7 倍的价格。

假如小明和小美之间有一个哆啦 A 梦那样的传送门，小明 10 美元的老干妈就再也无法维持这个价格了，因为小明有了立刻获取 10 元老干妈的渠道。

进入转股期的可转债，也是这样的。

可转债与正股之间的“传送门”，就是在进入转股期之后被打开的。

正因为如此，一旦可转债进入转股期，折价就会迅速地被抹平，并且会迅速变成溢价，甚至产生很高的溢价。

4. 转股套利的风险

上一节提到，一旦可转债进入转股期，折价就会被迅速抹平。这是为什么呢？

公开市场里的套利空间就像是一块肥肉，你看得见，我自然也看得见。

所有转股期内的转债，就是时时刻刻被套利大军盯得死死的待宰肥羊，一旦哪一只转债发生了折价，大家必然会蜂拥而上。

如果人人都想套转股这个利，那么这个套利空间就会被迅速抹平消失。具体来说，可转债发生折价的第二日，极大概率是以正股股价低开来抹平这个套利空间的。

这个道理很简单，如果所有人都看中了这个折价，想做一把套利，也就是说所有人都完成了尾盘买入可转债和闭市前转股这两个操作。等到第二日开盘，自然每个人手里都有了正股。在大家都想卖出正股获利的前提下，正股的价格必然会下跌。

这一点，就是转股套利最大的风险点。

这里提出几条针对转股套利的建议。

①仅参与折价在 3% 以上的转股操作，从历史数据回测来看，这样成功的概率会大一些（当然这种机会发生的概率也会小很多）；

②假如开通了两融账户，可以在买入转债的同时融券正股（券源比较难找），锁定套利空间，完成一次无风险套利；

③正股持有者，可以选择卖出正股→买入转债→转股→正股到账这一套操作，完成一次无风险套利（赚取的利润是做低正股持仓成本）。

大家会发现，持有正股或者融券正股，再配合转股套利，才是真正的无风险套利。在没有正股配合的情况下，单独买入转债去做转股套利，也就是一般来讲的“裸套”，都是有一定风险的，大家在操作的过程中一定要注意仓位与风险的匹配。

5. 转股套利的工具

学习完上面这些内容，大家可能对可转债的转股套利有点发怵。

不仅要实时监测转股溢价率，还要及时买入转债（甚至卖出正股和融券正股），然后进行转股操作，并且在第二日合适的时间卖出正股。

要知道，目前市面上存续的可转债有 400 多只，如果每只都像上面说的那样去计算转股溢价率，看看是不是折价了，那日子就不要过了。

好在已经有一些现成的工具来帮助我们。这里推荐使用的可转债数据网站是集思录和宁稳网，大家可以直接从数据表格中看到实时的转股溢价率。

集思录使用灰色字体代表该转债尚未进入转股期，所以当你看

到 -30%、-20% 这样不可思议的数据时，第一时间应该注意该可转债是否进入转股期了。

只有黑色字体的转股溢价率才是可以进行转股套利的。

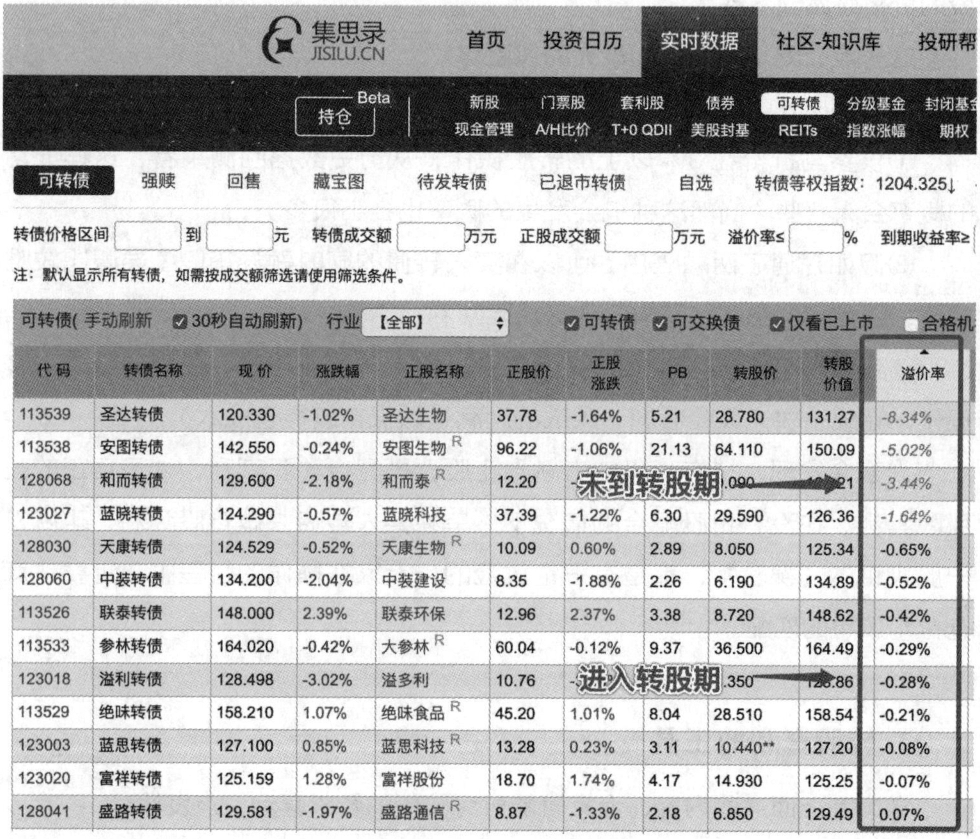

代码	转债名称	现价	涨跌幅	正股名称	正股价	正股涨跌	PB	转股价	转股价值	溢价率
113539	圣达转债	120.330	-1.02%	圣达生物	37.78	-1.64%	5.21	28.780	131.27	-8.34%
113538	安图转债	142.550	-0.24%	安图生物 R	96.22	-1.06%	21.13	64.110	150.09	-5.02%
128068	和而转债	129.600	-2.18%	和而泰 R	12.20	[illegible]	[illegible]	[illegible]	[illegible]	-3.44%
123027	蓝晓转债	124.290	-0.57%	蓝晓科技	37.39	-1.22%	6.30	29.590	126.36	-1.64%
128030	天康转债	124.529	-0.52%	天康生物 R	10.09	0.60%	2.89	8.050	125.34	-0.65%
128060	中装转债	134.200	-2.04%	中装建设	8.35	-1.88%	2.26	6.190	134.89	-0.52%
113526	联泰转债	148.000	2.39%	联泰环保	12.96	2.37%	3.38	8.720	148.62	-0.42%
113533	参林转债	164.020	-0.42%	大参林 R	60.04	-0.12%	9.37	36.500	164.49	-0.29%
123018	溢利转债	128.498	-3.02%	溢多利	10.76	[illegible]	[illegible]	[illegible]	[illegible]	-0.28%
113529	绝味转债	158.210	1.07%	绝味食品 R	45.20	1.01%	8.04	28.510	158.54	-0.21%
123003	蓝思转债	127.100	0.85%	蓝思科技 R	13.28	0.23%	3.11	10.440**	127.20	-0.08%
123020	富祥转债	125.159	1.28%	富祥股份	18.70	1.74%	4.17	14.930	125.25	-0.07%
128041	盛路转债	129.581	-1.97%	盛路通信 R	8.87	-1.33%	2.18	6.850	129.49	0.07%

图 4-4　集思录—查看转股溢价率

转股代码并不一定是转债代码，像集思录这样的数据网站，也是可以查看转股代码的，只需要点击最左侧的“代码”就可以进入该转债的资料详情页了。

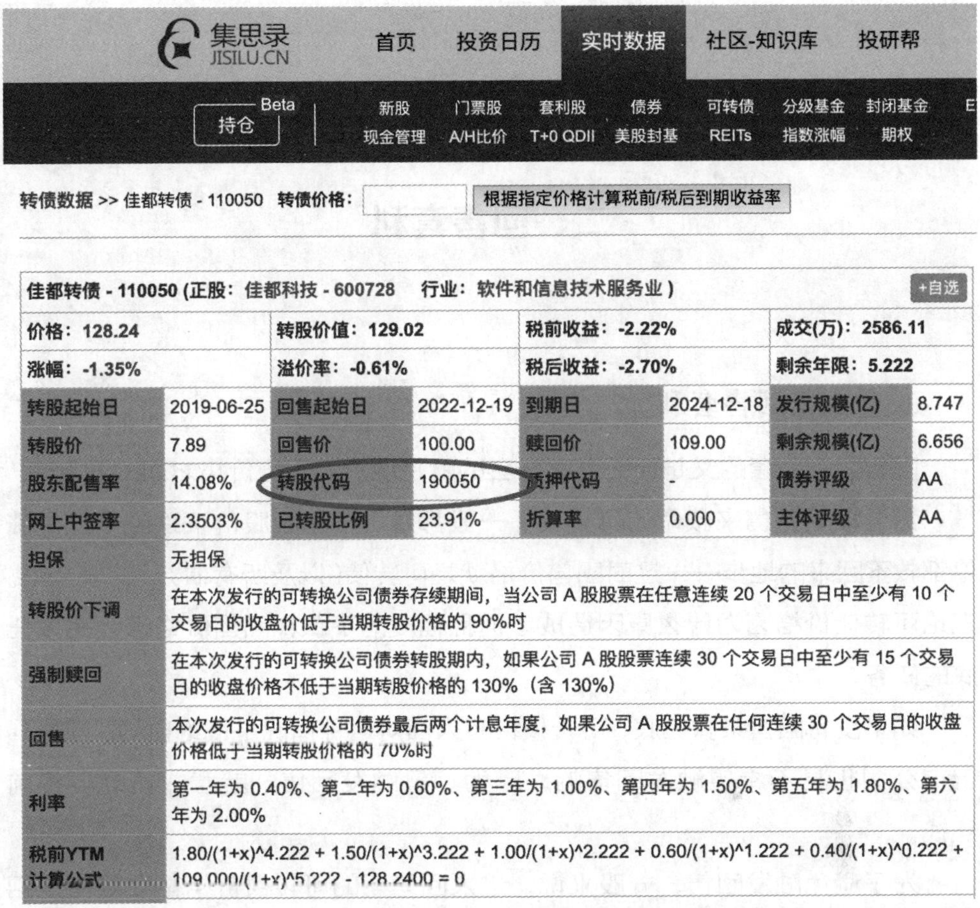

佳都转债 - 110050 (正股：佳都科技 - 600728　行业：软件和信息技术服务业)

价格：128.24		转股价值：129.02		税前收益：-2.22%		成交(万)：2586.11	
涨幅：-1.35%		溢价率：-0.61%		税后收益：-2.70%		剩余年限：5.222	
转股起始日	2019-06-25	回售起始日	2022-12-19	到期日	2024-12-18	发行规模(亿)	8.747
转股价	7.89	回售价	100.00	赎回价	109.00	剩余规模(亿)	6.656
股东配售率	14.08%	转股代码	190050	质押代码	-	债券评级	AA
网上中签率	2.3503%	已转股比例	23.91%	折算率	0.000	主体评级	AA
担保	无担保						
转股价下调	在本次发行的可转换公司债券存续期间，当公司 A 股股票在任意连续 20 个交易日中至少有 10 个交易日的收盘价低于当期转股价格的 90%时						
强制赎回	在本次发行的可转换公司债券转股期内，如果公司 A 股股票连续 30 个交易日中至少有 15 个交易日的收盘价格不低于当期转股价格的 130%（含 130%）						
回售	本次发行的可转换公司债券最后两个计息年度，如果公司 A 股股票在任何连续 30 个交易日的收盘价格低于当期转股价格的 70%时						
利率	第一年为 0.40%、第二年为 0.60%、第三年为 1.00%、第四年为 1.50%、第五年为 1.80%、第六年为 2.00%						
税前YTM 计算公式	1.80/(1+x)^4.222 + 1.50/(1+x)^3.222 + 1.00/(1+x)^2.222 + 0.60/(1+x)^1.222 + 0.40/(1+x)^0.222 + 109.000/(1+x)^5.222 - 128.2400 = 0						

图 4-5　集思录—查看转股代码

除了集思录、宁稳网这样的数据网站，一些券商也提供条件单服务（也就是设定条件，然后触发条件后自动买入或者卖出）。比如华宝证券在这方面做得比较好。

想要做好转股套利，一定要尽可能多地接触相关工具，尽可能深入地研究规则和条款。

二、回售套利

1. 什么是回售套利

回售套利，套的又是什么利呢？套的就是现价与回售价格之间的利。

需要指望回售来救命的可转债，一般都是由于正股股价下跌到十几个涨停都救不回来的地步——这时回售价格就是可转债(以及所有债券)的安全垫。无论可转债价格因为什么原因造成了何种程度的下跌，回售价格都会完成托底的任务。

如果没有回售条款兜底，可转债持有人面对这种情况是很绝望的。当然，上市公司也是不希望触发回售的，因为一旦触发回售，就意味着需要提前还钱。

为了避免触发回售，一般来说，进入回售期的可转债价格都会略微比回售价高一点点。

那么，会不会出现进入回售期的可转债价格比回售价还低呢？

当然有。

这个差价空间，就是无风险回售套利。

至于为什么会出现这样反常的现象，理由可能是多种多样的。例如江南转债是因为“奇葩条款”+“市场忽视”，例如之前提过的辉丰转债，是因为市场始终对公司能否复产存疑……种种原因实在难以一一分析列举，希望大家能融会贯通，举一反三。

2. 回售套利的具体操作

回售套利的具体操作说起来很简单——找到出现套利空间的可转债买入，等待触发回售，进行回售申报，资金到账。

下面以一次实盘操作来讲解回售套利实操这个内容。

2018 年 12 月 24 日，江南转债（113010）的价格跌至 102.1 元。

处在回售期的可转债可以作为观察对象，江南转债本来应该在几天之后发布新一轮回售公告，而此刻竟然毫无征兆地跌破了回售价。

“圣诞节的大礼包”就是这样出现的。

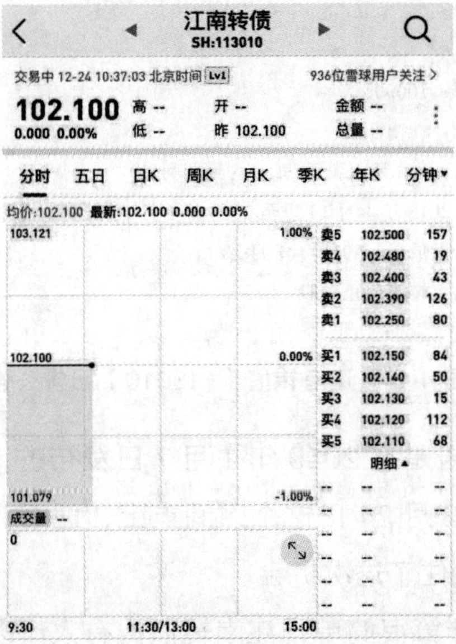

图 4-6　江南转债（113010）2018 年 12 月 24 日分时交易图

江南转债的正股是江南水务（601199），这是一家有政府背景的水处理公司，基本面上没有任何问题。转债价格之所以走得这样弱，完全是大股东不太懂金融知识，外加企业不差钱导致的。

这样的公司，难道会在 1 个月内破产退市吗？只要地球不爆炸，想来这种概率是微乎其微的。

排除这个唯一的隐患之后，就可以开始回售套利操作了。

首先找出江南转债的发行公告以及往期的回售公告，推算本次回售的回售期以及资金到账时间，再根据现价与回售价格之间的价差以及资金占用时间，推算套利收益。

江苏江南水务股份有限公司
关于“江南转债”回售的公告

本公司董事会及全体董事保证本公告内容不存在任何虚假记载、误导性陈述或者重大遗漏，并对其内容的真实性、准确性和完整性承担个别及连带责任。

重要内容提示：

- 回售代码：100905
- 回售简称：江南回售
- 回售价格：103 元人民币/张（含当期利息）
- 回售期：2019 年 1 月 14 日至 2019 年 1 月 18 日
- 回售资金发放日：2019 年 1 月 23 日
- 回售期内可转债停止转股

图 4–7　江南转债（113010）回售公告

图 4–7 的回售公告是在 2019 年 1 月 7 日发布的，而我们在公告发布前两周也就是 2018 年 12 月 24 日这个时间点上，已经完成了所有的时间推算及收益计算，所以把握住了这次机会。

这次回售套利的计算很简单，江南转债持有人可以按照回售价格 103 元将可转债卖给公司。102.2 元买入（加上交易成本），1 个月后 103 元卖出，这笔账算起来真是太容易了。

套利年化收益率 = 套利空间 ÷ 资金成本 ÷ 资金占用时间 ×365 天 ×100%

$$=(103-102.2)\div 102.2\div 30\times 365\times 100\%$$

$$=9.5\%$$

无风险年化收益率 9.5% 的收益，还是非常不错的。

于是第二天开始分批买入。

☆江南转债回售套利☆

江南转债将于2019年1月4日触发第四次回售。目前价格102.2元左右（买入江南转债(113010)建仓）。1月14日-18日为回售期（在此期间全部卖出100905，此为回售代码）。1月24日，江南转债发债方将以103元的价格兑付回售，资金到账。

可转债买卖10只为1手，最低建仓成本为1手=1022元。

套利计算：
（103-102.2）÷102.2÷30×365×100%=9.5%

其中102.2是建仓价格，30为建仓日到1月24日的间隔时间。相关收益请自行重新根据建仓情况核算。

图 4-8　江南转债回售套利分析

我们连续在 12 月 24 日、25 日、27 日 3 天分批建仓，最终一共囤下了大概 20 多万元的江南转债。元旦假期之后，江南转债如期发布了回售公告，市场里其他投资者可能也注意到了这个机会，因此空间被迅速抹平了。

1 月 14 日，按照公告指引，在券商 APP 中进行了回售操作。在华泰证券提供的交易软件中，只需要在卖出界面输入回售代码即可（每家券商的操作可能存在不同，根据客服指引完成即可，操作很简单）。

（二）回售申报程序

本次回售的回售代码为“100905”，回售简称为“江南回售”。

行使回售权的可转债持有人应在回售申报期内，通过上海证券交易所交易系统进行回售申报，方向为卖出，回售申报经确认后不能撤销。如果申报当日未能申报成功，可于次日继续申报（限申报期内）。

图 4-9　江南转债（113010）回售公告

1 个月之后，也就是 2019 年 1 月 23 日，本次回售套利的本金和收益顺利入账。

江南转债 113010 +1,799.15

成本 102.169

图 4-10　江南转债回售套利收益入账

本次回售套利圆满结束。

前期观察决策、中期执行、后期总结收尾都干净利落，堪称典范。

3. 回售套利的要点提醒

江南转债此次回售套利取得成功，最关键的因素是大股东制定的市场里独一份的“无限回售”条款——允许可转债持有人在 1 年之内无限次地参与可转债的回售（一般回售条款只允许可转债持有人 1 年参与 1 次，这方面的问题可以查看回售条款）。

17、回售条款

（1）有条件回售

本次发行的可转债第三个计息年度起，如果公司 A 股股票在任何连续 30 个交易日的收盘价格低于当期转股价格的 80%时，可转债持有人有权将全部或部分其持有的可转债按照 103 元（含当期应计利息）回售给公司。

图 4-11　江南转债发行公告

其次，由于这是江南转债 1 年内第 5 次发起回售，并且几乎确认是最后一次回售（可转债规模低于 3000 万元将退市），已经经过 4 次回售的江南转债几乎已经到了被市场“抛弃”的边缘，极度缺乏关注，因此才留下了这个“不合理”的套利价格空间，促成了这次套利。

最后当然就是我们对于回售条款的深入研究，以及对进入和即将进入回售期的可转债保持着长期高度的关注，因此敏锐地察觉到了这个套利机会，并且成功地完成了套利操作。

看完整个决策及操作过程，大家应该已经发现，回售套利中最难的就是前期发现套利机会这个环节。只要明确了机会，后面执行操作不过是自然而然的事。以后要想找到这样的回售套利机会，首先需要对可转债的回售条款进行更多更深入的学习。

每只可转债的回售条款都可能有些许不同——回售期的时间、回售触发条件、回售价格等。甚至有个别奇葩的可转债都没有回售条款（这对债权人非常不利，会缺少一层最重要的安全垫）。

上面这些信息没有人会告诉你，只能通过查阅可转债公告获取——这也是要你反复查看公告，理解其中信息的原因。

要想在其他可转债里直接复制这样的回售套利操作，是有一定难度的。

但是希望大家看完这一段获得真金白银的回售套利操作之后，能够明白这种看似“天时、地利、人和”的好运气中，“人”的成分有多么重要，并且下定决心好好学习和研究可转债。

天道酬勤，未来的机会依旧有很多。

三、强赎博弈

1. 什么是强赎博弈

强赎大家知道，博弈大家也知道，那么强赎博弈是个什么东西呢?

简单地说就是——可转债持有人“赌”大股东会不惜一切代价让可转债强赎。

如果把这句话放在一个较长的时间维度下，那么强赎博弈就变成前面的可转债组合“强赎制霸”了，大家只需要在价格足够低的情况下摊大饼一样买入一箩筐可转债，然后等待强赎就行。

这样也未免太无趣，也根本不高级。

这里将为这个普通的强赎博弈增加一些条件——已经进入强赎计数周期的可转债，假如因为特殊原因出现股价突然不满足强赎条件的情况，可转债持有人“赌”大股东会不惜一切代价让可转债正股重新满足强赎条件，最终成功强赎。

说到这个份儿上，大家大概也对强赎博弈心里有数了，下面进入具体操作来看一看吧。

2. 强赎博弈的具体操作

在进入实操复盘之前，先来简单总结一下强赎博弈的具体操作。

密切关注在转股期内，并且已经进入强赎触发计数的可转债（一般来说不超过5只），已经强赎触发的计数天数越大越好。一旦因为特殊情况发生股价下跌，即可买入正股，参与强赎博弈。

2019 年 7 月 18 日，冰轮转债（127009）进入转股期。也就是从此刻开始，假如冰轮转债的正股冰轮环境（000811）价格在转股价的 130% 以上（图 4-12 中的虚线 7.11 元），就能计入触发强赎天数。根据冰轮转债的发行公告，一旦正股价格触发强赎天数达到连续 30 个交易日中有 15 个交易日收盘价不低于当期转股价格的规定比例，强赎就会被触发。

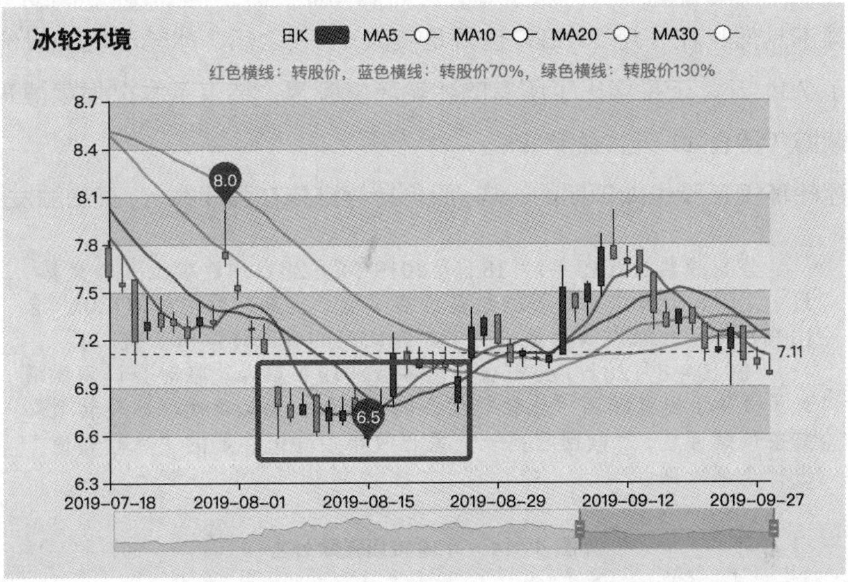

图 4-12 冰轮环境（000811）日 K 线走势图

8 月 6 日，受大盘影响，冰轮环境正股暴跌到 6.76 元，一下子就跌下了强赎线（见图 4-12 方框部分）。此时冰轮转债触发强赎的天数已经达到了 13 天，只需要正股再争气 2 个交易日即可触发强赎。

这就是可以介入进行强赎博弈的机会——已经进入强赎计数周期的冰轮转债（15 个交易日已经满足 13 个），因为大盘原因出现突然下跌，大股东应该会不惜一切代价让冰轮环境重新满足强赎条件（也就是股价重回 7.11 元），最终成功强赎。

于是我们当机立断，在 8 月 7 日挂单买入了冰轮环境正股。

图 4-13 8 月 7 日参与冰轮转债强赎博弈

果不其然，在 8 月 19 日，也就是买入 11 天之后，冰轮环境的股价重新回到了 7.11 元。于是卖出了所有的冰轮环境股票，结束了本次强赎博弈。本次强赎博弈持仓 11 天，盈利 5%。

冰轮环境正股也如预期的一样,股价持续维持在强赎线上,直到触发强赎。

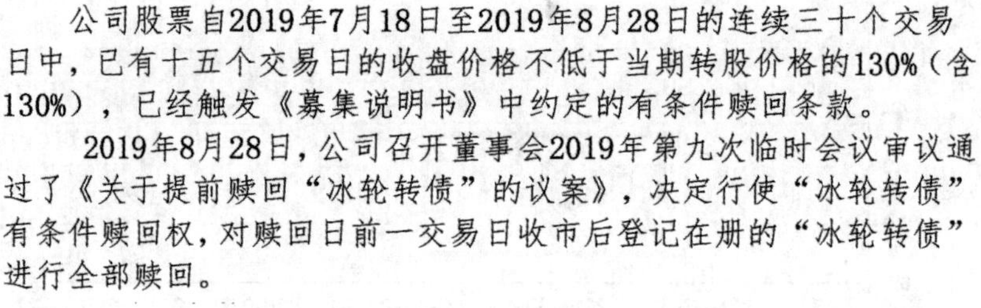

公司股票自2019年7月18日至2019年8月28日的连续三十个交易日中，已有十五个交易日的收盘价格不低于当期转股价格的130%（含130%），已经触发《募集说明书》中约定的有条件赎回条款。

2019年8月28日，公司召开董事会2019年第九次临时会议审议通过了《关于提前赎回“冰轮转债”的议案》，决定行使“冰轮转债”有条件赎回权，对赎回日前一交易日收市后登记在册的“冰轮转债”进行全部赎回。

图 4-14 冰轮转债强赎公告

除了冰轮转债，我们将同样的强赎博弈手法用在平银转债（127010）、蓝标转债（123001）等多次的强赎博弈套利中（甚至在蓝标转债身上就套利了多次），在市场环境稳定，大股东强赎意愿足够强烈的情况下，这个博弈的胜率相当高。

3. 强赎博弈的风险

前面说过，强赎博弈的成功率主要取决于两点——市场环境的稳定性和大股东强赎的意愿。

在市场环境稳定甚至全面向好的情况下，即使股价出现短期波动，也可能因为整体情绪的乐观带动股价上涨，从而让可转债的正股乘着东风重新站上强赎线。

假如市场不稳定，外加大股东态度消极，千股重跌之下，要想异军突起，收复失地，该有多么困难呀。

当然了，市场环境只是天时，大股东强赎的意愿才是强赎博弈的关键。

之前说过，根据历史数据，90% 的可转债都能迎来强赎。

假如你直接把这句话理解成为可转债都可以强赎，都能到 130 元的价格，甚至每一位大股东都有意愿和能力推动可转债强赎，那就是你的不对了。

当然，市场中是有一些表现优秀的大股东的——例如就差在脸上写着“我就是不想还钱”的蓝标转债，推动强赎的意愿是强上了天的。不差钱的平银转债大股东，则在多次公开发言中直接表明，平银转债就是奔着转股去的，他们一定会不遗余力地推动平银转债强赎。

假如在市场环境不好的时候，大家选中了一只大股东强赎意愿不够强烈的可转债进行强赎博弈，就可能真的遇上那种一泻千里的局面，将原本的强赎博弈变成股票深套。

所以，在每次进行强赎博弈操作之前，一定要提前想好止损方案，争取以最小的损失来结束一次失败的套利操作。

没有人可以永远做对，有时候勇于“割肉”才是正确的做法。

可转债套利的玩法是高级的，可是潜在的风险也是很高的。在做任何投资之前，一定要考虑到极端情况的应对措施，不要超出自己的风险承受能力。

控制风险最好的做法就是控制仓位，切记切记。

四、其他套利

除了上面详细阐述的3种主流可转债套利方法之外，市场里还有很多别的新奇玩意儿。

本节涉及的套利方法，都算得上是高级中的高级，要么是需要机器配合，要么是需要大家对可转债合同条款吃得很透，甚至还要求大家成为真正的价值投资者……由于篇幅有限，并且考虑到深入理解的难度问题，下面将它们打包成一个小节，每个部分都提供概念解释和实操案例。

1. 下修博弈

下修博弈，指的是投资者通过预测大股东是否有下修转股价的意图，提前买入可转债，等待下修成功后带动可转债上涨而获利的过程。

既然涉及到下修，就又是一个以大股东意愿为主导的活动。

有一些下修是有预期的，容易预测的。

比如2018年12月底铁汉转债（123004）的下修博弈。铁汉转债经过长达半年的停牌之后终于复牌，转债也随着正股的重度下跌一同跌到88元。作为一个经常玩资产重组且现金流比较紧张的公司，大股东应该是没有什么想还钱的意愿的，因此推动可转债下修并且下修到底，尽快促成可转债强赎是大概率事件。

我们参与了铁汉转债的下修博弈，并且最终迎来了铁汉转债成功下修。

当然，还有一些下修是毫无预期和征兆的。

比如格力转债（110030）的下修。还有几个月就要到期的格力转债，在存续期5年多的时间里，一直死扛着不下修转股价。市场里所有人都已经笃定格力转债的正股格力地产（600185）是一个不差钱和打算还钱的主儿了，没想到大股东一纸公告——要下修了，并且最终成功下修且一修到底。

我们将格力转债的下修行为总结为“老铁树想开花”。如果真的想通过转股来解决可转债问题，早干嘛去了？这就好像谈恋爱谈了5年，眼见已到分手边缘，突然来一句，要不我们再试一把，看看能不能结婚吧？

令人遗憾的是，市场里大部分下修都是第二种情况，也就是毫无预期和征兆。要想准确预测下修，需要你成为一个合格的价值投资者。

你要能够读懂公司财报，准确地评估出公司目前的债务有多少，其中短期债务情况如何，长期债务情况又如何。当然，公司现金流状况也很重要——只有不想还钱或者无钱可还的公司，才会动用下修这个武器。如果你能准确地搞清楚公司的净资产，那么在进行下修价格预估的环节，就能更准确地计算出套利空间。

了解了以上内容以后，希望大家对下修博弈有一个更加清楚的认识，并且正确地估量自己是否能够完成下修博弈的预测。

在投资世界里，能力圈非常重要。如果不懂，那就不做。

2. 涨停套利

在转股溢价率较低的情况下，可转债价格是跟随股票价格同涨同跌的。由于两者并不是同一个投资品种，因此存在一定的时间差。

涨停套利就是在这种情况下诞生的。

涨停套利的意思是说，当可转债的正股发生涨停之后，立刻买入可转债，赚取可转债跟随正股大涨的收益。

说到这里，大家应该明白，这是一个普通投资者靠人力不太可能完成的操作。

市场里的可转债有400多只，要是每天盯着400只可转债正股的盘面走势，那几乎是不可能的。

而且正股涨停之后，虽然说可转债跟随上涨是有一个时间差，但是这个时间窗口最多应该不会超过 1 分钟，这对于想要自己手动操作的投资者来说太难了，而且怎么卖出也是一个问题。

如果你想等到正股开板再跑，根据以往的经验来看，发生踩踏的概率相当高。如果你想在可转债一旦启动上涨了就跑，过去市场里也不是没有发生过正股连续拉出几个涨停板的故事，这个时候你就会对卖飞这件事耿耿于怀。

总之，这是个技术活儿。

有技术加持的朋友可以考虑自己写代码，开发工具，实现这个策略，胜率极高，简单快捷。

机会是给有技术的聪明人准备的。

3. 低溢价率博弈

前面讲过，转股溢价率是一个由可转债正股质地、信用评级、行业情况等方方面面数据共同决定的关键指标——它是一个有现实依据，可以通过一些简单模型与计算较准确地进行预估的指标。

但是，当市场里发生了特殊情况，比如市场情绪极差，行业陷入危机，持仓者急于变现等情况发生的时候，大家就会因为急于抛售可转债而造成可转债价格下跌，转股溢价率也就会低于正常水平。

出现这种情况的时候，**可转债持有人可以通过买入可转债，博弈可转债溢价率会修复（当然大家期望通过可转债价格上涨来修复，而不是正股价格下跌来修复），这就是低溢价率博弈**。

比如我们在 2019 年 7 月参与的环境转债（113028）的低溢价率博弈。当时由于上海开始实施垃圾分类，导致所有环保题材股暴涨，环境转债的正股上海环境（601200）正是暴涨中的龙头。

在这样的市场行情下，环境转债就要上市了。由于前期上海环境股价上涨得太多，所有人都有了回跌的担扰，因此在环境转债上市之后的几天，大家都拼命地抛售环境转债，导致环境转债这样的 AAA 级债券转股溢价率一度只有 -6%（折价 6%）——要知道，当时市场上除了环境转债之外，所有的 AAA 级债券，没有哪一个是负溢价的，普遍的转股溢价率都在 10% 以上。

在这种情况下，我们参与了这一次的低溢价率博弈，并且最终取得了预期的收益。

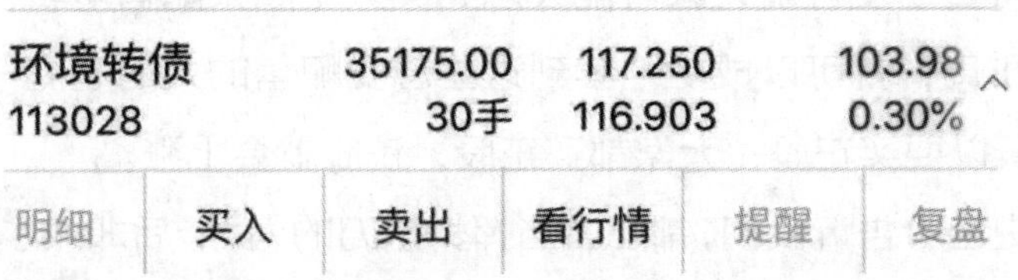

图 4-15　7 月 8 日参与环境转债低溢价率博弈

这些低溢价率博弈大部分都发生在可转债打新上市的前几日——散户的无脑抛售，最有可能造成低溢价率的情况出现。

对于低溢价率博弈来说，最重要的就是你要有自己的一套经过市场验证的转股溢价率估算方法，这样才能对市场上目前各只转债的转股溢价率是否低估这一情况有清醒的认识，从而发现其中的获利机会。

例如前面提到的环境转债实操，除了环境转债价格上涨能够修复转股溢价率，正股下跌也是能够修复转股溢价率的，那凭什么就确信环境转债会上涨呢？

最后还是老生常谈的一句话，控制好仓位，不要怕出错（投资世界没有人能够永不犯错），你会越来越游刃有余的。

4. 抢权套利

要讲清楚抢权套利，首先需要大家了解关于配售的知识。

所谓配售，就是在可转债打新中，根据自己持有的正股数量，配给你一定数量的可转债。

对于部分正股十分优秀的可转债来说，假如可以提前买入正股，然后通过配售获得更多的可转债中签，最后再通过卖出可转债和正股获利了结，实现“一鱼两吃”，真是太完美了。

正因为普通投资者有这样的想法，于是部分聪明的套利者就发现了其中的机会。

既然在可转债发行前大家可能会想到买入正股来配售可转债，那么更早地提前进场布局，就可以成功地套到这些想要配售的人的利润——他们要配售可转债，所以要买正股；大家都买正股，正股就会上涨。

然而历史经验告诉我们，都想去当挥舞镰刀的人，最后却成了别人的韭菜。

抢权套利历史上最有名气的案例，就是交通银行（601328）。

2019 年 3 月，江湖传言交通银行要发行可转债，此时交通银行的股价大概在 6.4 元左右。根据以往经验，银行转债都是被机构、散户哄抢的热门转债，因此面对传言，大家在抢权阶段就开始出动了，甚至有不少大 V 直接扯起大旗，组团抢权。

万万没想到，交通银行的可转债发行竟然遇上了“黑天鹅”——延期发行，直到最后中止了发行。适逢市场大跌，交通银行的股价也接连受挫，所有想要套利和想要配售的，都惨遭被套。

还好交通银行本身是质地过得去的银行股龙头，这要是换一个其他垃圾企业，这种程度的深套真的会让人产生心理阴影。

当然了，除了这种自相残杀式的互割韭菜，抢权套利其实还有一套温柔的玩法。

接下来，就以浦发银行（600000）的抢权套利来讲解。

浦发银行即将发行可转债的消息是 2019 年 10 月 23 日晚上发布的，这样一个优秀的 AAA 级可转债兼巨无霸，自然是有很多玩法的。

所以 24 日当天，我们就以浦发银行的盘中价格进行了第一次抢权配售计算——安全垫太少，放弃。

本来以为 25 日浦发银行会继续因为抢权者买入而持续走高，没想到 25 日浦发银行居然下跌接近 –2%，跌到了 12.8 元。我们立刻进行了第二次抢权配售计算。

根据发行公告的数据进行计算，每 600 股（准确股数是 587 股，不过要按照 100 向上取整）浦发银行正股可以 100% 成功配售到 1 手浦发转债（110059），同时根据上交所的精准算法规则，理论上 300 股也有概率成功配售到 1 手转债，400 股则大概率能够配售到 1 手转债。

从可转债申购到上市期间，假如浦发银行的股价没有发生变化，那么根据现在浦发转债所属行业、信用评级等多方面因素考虑，转股溢价率应该在 15% 到 20% 之间，因此可以估算出浦发转债上市价格大约是 110 元。

也就是说，如果进行抢权套利，预计能够获得的利益就是 110×10–1000=100 元。

同时，抢权套利的成本，也就是配售 300 股浦发银行需要的成本是 12.8×300=3840 元。

所以利润空间是 100∶3840 ≈ 2.6%。

25 日买入浦发银行正股，28 日就能够卖出。只要 28 日浦发银行不低开超过 –2.6%，这次套利的前半部分就稳了。

这 2.6% 就是浦发转债此次抢权配售的安全垫。

那么，10 月 28 日浦发银行低开超过 –2.6% 的概率大吗？以我们对这样的大银行股的认知来说，是不大的。即使存在套利党的抛售，也不至于低开超过 –2.6%。

这一次的抢权套利，是值得做的。

于是我们在多个账户内进行了抢权操作。

10 月 25 日白天，为每个账户买入了 300 股浦发银行。

10 月 25 日晚间，配售份额到账，每 300 股成功地配到了 1 手浦发转债。

10 月 28 日，浦发银行正股低开 0.5%，果断卖出正股，单账户亏损大约 25 元。

11 月 15 日，浦发转债上市，以 104 元的价格卖出了浦发转债，单账户盈利大约 40 元。

这样，本次浦发转债的抢权套利就结束了。

如果按照 400 股甚至更高的比例进行抢权配售的话，可能就没有这么好的运气了。至少从浦发转债首日上市价格来说，微亏是躲不开的。

但是随后浦发转债价格持续走高，依旧有持平以及盈利的机会。

参与这一类抢权套利，一定要对抢权的正股精挑细选——高信用评级、低波动率、含权量高、市场追捧……反正积极的因素越多越好。

同时，无论多么优秀的正股，都无法避免价格短期波动造成的影响，因此，抢权套利始终是一个风险较高的套利操作。另外，如何把正股卖在高点，如何把转债卖在高点，都会直接影响到抢权套利的盈亏结果。

希望大家能够注意控制风险，快乐游戏。

特别提醒一点，深市可转债配售的最小单位是张，在计算的时候需要特别留意，千万别与沪市搞混淆了。

比如，假如浦发银行是深交所的股票，那么买入 300 股就并不能成功地配售到 1 手，而是应该配售 5 张。

最后来对抢权套利做个总结。

①抢权套利如何计算配售股数？

沪市：使用 1000 ÷ “公告中规定的每股获配金额”（最小单位是手）

深市：使用 100 ÷ “公告中规定的每股获配金额”（最小单位是张）

不足 1 手 /1 张的部分，近似按照四舍五入处理。

②抢权套利如何计算安全垫？

安全垫 = 可转债上市预期盈利 ÷ 抢权买入正股的成本 ×100%

③抢权套利标的的筛选标准？

高信用评级、低波动率、含权量高、市场追捧……反正积极的因素越多越好。